中国传统文化与未成年人精神成长丛书

经史子集

傅书华◎主编
仝建平、谢耀亭◎编著

【中国古代的文化典籍】

希望出版社

编者的话 BIAN ZHE DE HUA

之所以编辑这套丛书，实在是来源于时时涌上心头且挥之不去的对现实的危机感。

从没有像现在这样，我深感当今未成年人精神成长的缺失。随便放眼看看，当今未成年人的生理成长、知识成长甚至心理成长都已经得到社会及家长的普遍重视，唯独未成年人的精神成长却至今未能引起大家的关注。不是吗？你看，即使是出生、成长于一般家庭的孩子，他的物质生活的条件，也还是能够满足他生命发育成长过程中所需要的物质需求的，至于出生、成长于家境较好的家庭中的孩子，营养过剩而偏于肥胖的更不在少数。大体说来，基于营养的健全，这一代未成年人较之他们的父母一代，其身体发育普遍提前、普遍超标应该是一个不争的事实。说到知识成长，你只要看看这一代未成年人那沉甸甸的书包，看看双休日他们频频出入于各种补习班的身影，听听那“现在最辛苦的就是中小学学生”的无奈感叹，你也就大略可以知晓，现在对未成年人的知识灌输是如何地慌不择路、饥不择食了。至于未成年人一代的心理成长，伴随着心理问题的频频产生，他们的心理健康问题总算是被大家认识到了，虽然补救的措施依旧不够得力，但总算在电视媒体上时时出镜，总算在家长的口头上也时时提及了吧。但时至今日，我们还很少听到关于这一代未成年人精神成长的话题。精神成长，在许多人的心目中，还是一个玄虚的话题，还是一个模糊的话题，而究其实，精神成长已然成为当今一代未成年人长大成人的时代性危机：生理上的提前成人，使他们精力充沛却不知将精力用于何处，甚至如纽曼所说，“如果他们话多，必乱说无疑”。知识上的强力灌输，使他们在这样一个技术至上的时代，越发将知识作为换取世俗功利的手段，甚至在极端情况下会不择手段。心理的成长，虽然使他们在自我与外部失衡的情况下，可以有效地做自我心理上的调节，但却离心智的成长相去甚远。明乎此，我们才会明白，精神的成长，是灵魂的健全，是人格的生成，是公民意识的培育，是对人的生命的自由实现的自觉意识的形成。既不同于传统的老中国，又不同于现代的西方国家的新的中国，需要的正是这样有着健全灵魂的一代新人。

精神的成长不是凭空地进行，需要汲取各种精神资源，但这些精神资源，不是那种换取世俗功名的“实用知识”，而是着意于“自由人”得以成长、形成的“自由知识”。概而言之，传统文化、现代文化、西方文化，都是新的一代未成年人所应该充满兴味地去有所涉猎的。而现在，当今的这一代未成年人，对此却缺乏应有的了解。网络的平面化、共时化，正在消解传统文化、现代文化以及西方文化对未成年人精神的深度滋养。我们常常看到，这一代未成年人，在时尚的潮流中，似乎无所不知、无所不晓，但一旦进入历史文化的深处，则两眼茫然、不知所措。与此同时，我们也看到，学术贩子、学术掮客在当今大行其道，真正的学术研究者却又深居“象牙之塔”，随之而来的是，未成年人精神成长过程中急需的健康的精神营养品，在文化市场中难觅其踪。

上述的时代危机，与哲社人文界“重研究、轻应用”的时弊密切相关。

哲社人文研究队伍人数众多，硕果累累，研究的深入程度、进度，也足以令人刮目相看。但这些成果又有多少转化为对公众精神需求的满足呢？当今哲社人文的许多评价体系，套用自然科技的办法，弊端多多，是这个时代自然科技吞噬哲社人文的显著标志。但是，也不完全如此。科技界特别注重将其成果、发明、专利转化为市场效益，相比之下，哲社人文界却缺乏这种意识。或许是中国传统的哲社人文研究“书上作书”的历史太过悠久，亦或许是其依附权力、体制的历史惯力过强，我在这里不作深入研讨，但根据目下哲社人文领域的现状，作出“重研究、轻应用”的判断大致还是不错的吧。这种“重研究、轻应用”，还表现在哲社人文界生产力分配的不平衡：现在全国哲社人文类的学术、文化期刊，包括各级高校的学报，数量众多，但这些文章中，如果不是绝大多数，起码有许多是刊发完了即作完结的吧。许多的研究者，宁肯耗尽自己的有限精力，写几篇上述类型的文章，而绝不肯把精力用于对新的学界成果做普及转化的工作。于是我们看到：一方面，是学术垃圾、文字垃圾比比皆是；另一方面，在前述未成年人精神成人危机面前，适合他们的精神读物，却少之又少。

令人沮丧的还远远不止如此。就是在这少之又少的提供给未成年人的精神读物中，文字模式化、格式化、干瘪无味的也不在少数。人的精神世界原本是鲜活的，充满生机的，满足人的精神成长需求的文字，也应该是如此的吧。但打开各种标榜有文化内涵、精神内涵的书刊，却又时时看到两类不堪卒读的文字：一类是没有精神深度的平庸不堪的时尚文字，一类是貌似深刻的“八股文字”。用这样的文字，又怎么能够在未成年人的精神成长的需求中，给他们以新鲜、充盈的精神滋养呢?

正是基于这种时时萦绕于心的危机感，我心中时时萌生着一种神往：神往于上个世纪30年代开明书店出版的由叶圣陶编写的《开明国语课本》以及由朱自清等著名学者编写的一系列的青少年读物；神往于朱光潜所写的《谈美——给青少年的十三封信》；神往于上个世纪60年代的《十万个为什么》；神往于大学者能有献身的精神，用大手笔为未成年读者写出的小文章；神往于那种深入浅出、生动活泼的哲社人文类文章……

于是，在神往中，有了“千里之行，始于足下”的冲动，从而才有了这套丛书的编写和出版。虽然，我们的努力，离预期目标还有差距，但无论如何，总算是有了引玉之砖了。我们期盼着有新的“开明书店”出版的未成年人读本，有新的《谈美——给青少年的十三封信》，有新的《十万个为什么》，更希望有对上述这些经典读本的超越。在此，我还要真诚地感谢希望出版社，感谢他们能有真诚的心灵，广阔的眼光、胸怀，出版了这套《中国传统文化与未成年人精神成长丛书》。

让我们继续努力，让我们充满期待，让我们切切实实地“救救孩子”。

傅书华

2011.12

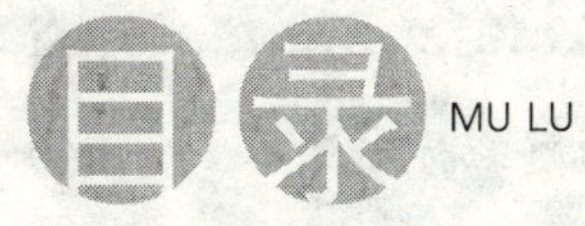

DAO DU

中国历史悠久，文化灿烂，是举世闻名的文明古国。历代编纂流传的文献典籍既是中华文化发展的结晶，记录着我国的历史文化，也是中华文化传承的载体，传播着我国的历史文化。我国古代的文献典籍何时产生，有学者认为始于殷商甲骨文，也有学者认为始于春秋末战国时编纂的经子之书，距今至少已有两千五百年的历史了。我国古代文献典籍的编纂兴起以后，从此再无停滞，尽管历经诸多厄运，焚书、战火、自然灾害，但同时也经过人为保护、优胜劣汰、社会选择，大量的典籍最终得以保存和流传。典籍的形态，经历过甲骨、金属、石版、竹简、木牍、布帛，最后主要为纸张承载，以雕版印刷为主要形式。我国历代编纂的纸质典籍总数，学术界多取10万种之说，也有人认为有12万或8万种；加上其他形态的典籍，总数有10万种以上。因此人们常常用浩如烟海、汗牛充栋来形容我国古代典籍的数量庞大、丰富多样。

上述历代编纂的10多万种典籍，从宽泛的层面讲都是文化典籍，大致也可以说得过去。但具体而言，最能代表我国传统文化的典籍即要籍究竟有哪些，学者们也是见仁见智，没有形成较为固定的或大家都能接受的说法。如著名思想文化专家蔡尚思在其《我国文化史要论》（人物、图书）中曾罗列我国文化基础书目古代（1840 年以前）部分 84 种；他认为最能代表我国文化的书籍有 40 种，其中最有代表性的约 20 种（《诗经》、《李太白诗集》、《杜工部诗集》、《宋元戏曲史》、《红楼梦》、《鲁迅杂感选集》、《史记》、《史通》、《徐霞客游记》、《论语》、《墨子》、《孙子》、《庄子》、《韩非子》、《明夷待访录》、《太平天国文选》、《孙中山选集》、《五四运动文选》、《梦溪笔谈》、《本草纲目》），尽管后来多被转引，其实也只是一家之言，提出仅供参考，没有普遍意义。

我国古代文化典籍的分类有多种，但按照经、史、子、集四部分类法是经过历史选择且学界最能接受和认可的古籍分类方法。大致说来，经部包括儒家经典及对其解释注疏之书、阅读使用经书的字词工具书；史部包括历史、地理、目录之书；集部包括文学之书，除此之外的典籍都归入子部。作为为未成年人编著的我国古代文化典籍读本，笔者不拟采用划分朝代列举的方法，觉得那样更不便于掌握记忆；本书适当参照传统的四部分类法，时间大致自春秋时期迄清末，选取 120 余种较能代表我国传统文化的典籍及数部汇编之作，分为儒家典籍、史学典籍、诸子百家典籍、佛道典籍、科技典籍、文学典籍、蒙学典籍、类书与丛书八类；每类首先略加概述，然后列举代表性的文化典籍，最后适当附录数种延伸阅读书籍；典籍介绍，依次讲述作者、成书过程、内容、价值、较好版本或参考书等信息，字数少则数百字，多则千余字，并附书影一幅。

因本套丛书包括我国古代文学、哲学、科技、宗教、教育等分册，本书所列文化典籍可能会与其他分册的内容略有重合，但本书着重于从文献目录学角度介绍书籍本身的知识，并努力挖掘典籍传承的文化信息及其利用价值。

第一章 儒家典籍

中国古籍，分为经、史、子、集四部，由来已久。经、子本为相同之物，多为探求事物现象，研求事物公理的著作。随着儒家学说的官方化，统治者把一批重要的儒家典籍抽取出来，视为指导一切政治思想、文化学术和社会意识的经典，称之为“经”，并把研究和阐发这些经典的学问称作“经学”。

中国古籍，分为经、史、子、集四部，由来已久。经、子本为相同之物，多为探求事物现象，研求事物公理的著作。随着儒家学说的官方化，统治者把一批重要的儒家典籍抽取出来，视为指导一切政治思想、文化学术和社会意识的经典，称之为“经”，并把研究和阐发这些经典的学问称作“经学”。

“经”的本意是织物的纵线，与“纬”相对。经线在织物的过程中起到固定、支撑的作用，只有固定了经线，纬线才可在经线间穿梭，织物的过程才能得以进行。基于“经”的重要性，人们把书籍中一些典范、重要之作，称之为“经典”“经书”。如佛教的典籍称为“佛经”，基督教的经典称为《圣经》，伊斯兰教的重要典籍称为《古兰经》。中国典籍最早称为“经”

的是《墨经》，后来人们把儒家的经典也称为“经”，如《易经》《诗经》等。把道教的经典也称“经”，如《老子》称《道德真经》，《庄子》称《南华真经》。

儒家重要典籍称之为“经”，始见于《庄子·天运》篇，其文曰：“孔子谓老聃曰：‘丘治《诗》《书》《礼》《乐》《易》《春秋》六经，自以为久矣。’”这就是说“六经”的称谓孔子时已有。人们对此常表示怀疑，认为不太可信。孔子时是否有“六经”的称呼，尚需要进一步探讨，但到了战国晚期，儒家有的典籍已称为“经”，如《荀子·劝学》篇云：“学恶乎始，恶乎终？始乎诵经，终乎读礼。”20世纪90年代出土的战国竹简中也看到了“六经”的组合。《郭店楚简·六德》云：“观诸《诗》《书》则亦在矣，观诸《礼》《乐》则亦在矣，观诸《易》《春秋》则亦在矣。”由此可知，在战国晚期儒家有较为固定的“六经”之说。作为“六经”之一的《乐》，自秦以来一直未见，有的学者认为“乐”本有经，因遭秦火而亡佚；也有的人认为“乐”本无经。

传统儒者认为“经”乃圣人裁定、可为万世表率。汉代儒生便认为除去《乐》后的“五经”（《诗》《书》《礼》《易》《春秋》）是孔子所删定，因而对其推崇备至，汉武帝置“五经”博士，“五经”从此成为古代社会官方公认的儒家经典。汉代在“五经”之外加《孝经》《论语》成为“七经”。唐代以《易》《书》《诗》《仪礼》《礼记》《周礼》《左传》《公羊传》《谷梁传》为“九经”，作为明经考试之用。唐天成二年刻石于长安，除“九经”外，《孝经》《论语》《尔雅》也一并刻石，合为“十二经”。宋代升《孟子》为经，合为“十三经”。

西汉博士传习的儒家经典，是用当时通行的文字写成的，因此称为“今文”。汉景帝时，鲁恭王的官邸与孔子旧宅相邻，他想扩大自己的宫室，便损坏孔子旧宅，在孔宅墙壁发现先秦古籍数十篇，皆用先秦古文书写，汉代广开献书之路，民间所献书籍也有用先秦古文所写，这些便是“古文”。西汉末年刘歆在校书过程中，发现今文与古文所写的典籍在文字、篇章等方面存在着差别，从而导致了经学内部今文经和古文经的区分和两派的争论。今文经和古文经不仅字体不同，篇章不同，且对经学的解释差异也颇大。今文经强调经世致用，多讲阴阳灾异，注重微言大义。古文经注重历史事实，对文字训诂、典章制度多有重视，注重经文的本义。汉代儒学的一次发展高峰为白虎观会议，为的是解决今古文经学的异同，儒生讨论，汉章帝最后裁决，此次会议成果由班固写成《白虎通义》一书。

魏晋南北朝时期，分裂的格局也造成了经学研究的混乱，逐渐形成了“南学”与“北学”的局面。唐朝初年，为了统一思想，便开始整顿经学。孔颖达奉唐太宗之命，与颜师古、司马才章、王恭、王琰等编成《五经正义》。

在汉唐儒学至宋代儒学的转变中，有两个现象值得注意：一为以“孔孟”取代“周孔”，一为“四书”的地位逐渐取代“五经”的地位。宋代大思想家朱熹抽取《礼记》中之《大学》

与《中庸》与《论语》《孟子》合为“四书”，并为其作集注，此即《四书章句集注》。

本书儒家经典之部，俱围绕“十三经”而选。“十三经”既是儒家思想的集中反映，也是传统文化的精华所在。儒学自汉代后，便一直位居官方指导思想的地位，其对古代社会的影响，非其余各家学说所能相比。“十三经”成为古代学子的必读之书，对古代社会的治理，古人价值观、人生观的形成都产生了深远的影响。在“十三经”之外，我们又选了几部能反映“经学”在两千年之间变化的代表作。《白虎通义》反映了汉代经学的今古文之争。经学的今古文之争，为经学历史中非常重要的部分，《五经正义》为唐代统一南北经学的作品，而朱熹的《四书集注》，对南宋之后的中国社会产生了深远的影响。朝廷以之为科举考试的标准书，《四书》也成为读书人的必读之书，且在一定意义上带有蒙学著作的性质。对十三经的注疏，历代不断，可谓汗牛充栋。然其最精当、最权威之作当为宋代汇编而成《十三经注疏》。上选诸书，皆为“经学”典籍及其相关著作，但并非囊括儒家重要典籍之全部。现在我们认为非常重要的儒家著作，如《荀子》，在古代从未升到“经”的地位，我们也依此把其划归到诸子类。

《周易》
——我国古代卜筮与哲学相结合的文化瑰宝

《周易》本名《易》，儒家经典之一。《易》本为卜筮之书，占卜由蓍草来完成。通过蓍草数目变化的方式，得出某一卦象，并以卦爻的变易来进行占卜，故称“易”。汉代儒生认为“易”有变易、简易、不易等义，汉以后被尊称为《易经》。在《易》出现之前，我国已有《连山》《归藏》两部卜筮之书存在，但这两部书早已亡佚，其部分内容在近年来出土的竹简中曾有记录。《易》因成于周代，故称《周易》；一说“周”有周密、周遍、周流之义。我们通常所说的《周易》，由《易经》和《易传》两部分组成。

《易经》大约成书于殷末周初，其中透露出不少有价值的商周史料。相传伏羲氏最早画八卦，神农氏由八卦演为六十四卦，周文王作卦辞，周公作爻辞，并确立上下经。《易经》是由一组八卦卦画符号和卦爻辞文字组成的系统。八卦分别为乾☰、坤☷、震☳、巽☴、坎☵、离☲、艮☶、兑☱。卦画符号由阳爻（—）和阴爻（- -）表示。八卦互相排列组合，构成六十四卦。六十四卦都有卦名，卦名通常取自该卦中最显著的象，卦名就位于卦象之后、卦辞之前。卦中六画的排列从下往上，用初、二、三、四、五、上表示位序，阳爻称九，阴爻称六。《易经》全部经文，共六十四卦，每卦六爻，共三百八十四爻。每一卦解释卦义的辞句叫卦辞，分别系于每卦之下；解释爻义的辞句叫爻辞，分别系于每爻之下。

《易经》的内容是在长期的原始卜筮活动中逐渐把数与形整齐化、有序化、抽象化的结果，用来预测人事吉凶，指导人们的行为。《易经》在产生之初虽与迷信有密切联系，但它是人类历史和思维活动发展的具体体现。

《易传》是对易经的传注、解释，相传为孔子所作。《易传》有七种，其中《彖》《象》《系辞》三种又分为上、下篇，因此总共有十篇，所以也称“十翼”，“翼”就是辅助的意思。《易传》七种十篇的内容如下：1.《文言》，系统、全面地解释《易经》中的乾、坤二卦，所以也称作乾文言、坤文言。2.《彖传》，主要解释卦、爻辞。通常把解释音训词义，分析八卦取象，探讨爻位变化结合起来加以阐释。3.《象传》，分《大象》《小象》。《大象》解释卦辞，《小象》解释爻辞。主要表达卦、爻辞的象征意义。4.《系辞传》，又称《大传》，通论《易经》成书、宗旨、作用的作品。5.《说卦传》，分两部分。前半部分对八卦形成作了哲学性的解释，后半部分阐述八卦的取象特点。6.《序卦传》，解说《易经》六十四卦的顺序及其相互间的关系。7.《杂卦传》，为《序卦传》的姊妹篇。它将六十四卦的顺序打乱，然后用极精炼的语言来解释卦义。

《易传》作为一部解经之作，受到《易经》体例的限制，不能随意发挥，只能从象数、义理方面阐发其精蕴。但作为时代精神的反映，它不再以《易经》的巫术迷信因素为主，而是建构了一个包括天道、地道、人道在内的关于自然、社会和人生相互影响、相互交融的思想体系，反映出中国人的思维方式与智慧。

《周易》被儒家尊为六经之首，对后世中国文化、中国人的思维方式产生了不可估量的影响。两千多年来，易学的发展大致形成了象数和义理两大派。并分别在汉代、宋代、清代形成了三次研究高峰，留下了三千多部解释《周易》的著作，对中国的哲学、史学、文学、宗教、天文、绘画、历法、地理、数学、医学等各个领域的发展均产生了极其重要的影响。17世纪以来，《周易》被译成多国文字，在世界范围内发挥其价值。

现今通行的《周易》注本是唐孔颖达等人的《周易正义》。今人高亨《周易古经今注》，李镜池《周易通义》，金景芳、吕绍纲《周易全解》也较为流行。此外，近年来新出土的简帛材料也发现了《周易》，如上海博物馆收藏的战国楚竹书《周易》，马王堆汉墓出土的帛书《周易》都可参考。

《尚书》——我国最早的官方文件汇编

《尚书》原称《书》，至汉代称为《尚书》，“尚”同“上”，即上古之意，“书”，在上古指史官的记载。古代史官，“左史记言，右史记事”，史官的记录汇编成册，便是《书》。“尚书”就是指上古时代史官的记录，是中国最早的官方文件汇编。因年代久远，语言文字发生了很大的变化；又因在流传中错讹、歧解纷出，使《尚书》成为中国古代最难读的典籍之一，唐代韩愈曾有“佶屈聱牙”之叹。

相传《尚书》由孔子最后编定，但后来学者认为其中一些篇章成书于战国时代，因此不可能由孔子编定。比较通行的看法是，《尚书》既非成于一人之手，也非成于一时之作，是经过较长时间的汇集流传，到春秋战国时最后定型。秦始皇焚书禁学之举，也波及到《尚书》。及至汉代建立，汉惠帝废除“挟书令”，重新搜集先秦文献，鼓励民间献出先秦旧籍，《尚书》才得以重现于世，并被尊为经典。

《尚书》有三种来源。一为西汉时立于学官的《今文尚书》；二为西汉时在孔宅壁中发现的《古文尚书》；三为东晋梅赜所献的《古文尚书》。现在流行的十三经注疏本《尚书》梅赜所献的本，其中有真的（包含在梅赜本中的《今文尚书》）也有伪的（后人伪造的《古文尚书》）。

《今文尚书》传自伏生。伏生原为秦时博士，秦始皇焚书时，他把《尚书》藏于墙壁之中。汉代建立后，取出他壁藏多年的《尚书》，发现失掉了数十篇，得到二十九篇，并以此教于齐鲁之间。汉文帝欲召伏生进京传授《尚书》，但伏生当时已九十余岁。于是，汉文帝派晁错前往济南受《尚书》，此后伏生所传的《尚书》被立于学官。

汉景帝时，鲁恭王的官邸与孔子旧宅相邻，他想扩大自己的宫室，便损坏孔子旧宅，在孔宅墙壁发现包括《尚书》在内的先秦古籍数十篇，因皆用先秦古文书写，所以称之为《古文尚书》。孔安国为孔子后人，尽得孔壁所获之书。孔安国将《古文尚书》与伏生所传《尚书》相对照，发现多出十六篇。汉武帝时，孔安国将《古文尚书》献于朝廷。恰逢陈皇后巫蛊之案，孔安国所献之书未引起朝廷足够重视，也没有列入学宫。不久之后，孔安国去世，《古文尚书》藏于宫廷之中，外人不能目睹。

西汉时，刘歆与其父刘向奉命校阅朝廷藏书。刘歆发现《古文尚书》在内容上详于《今文尚书》，且文字多有不同，便想把《古文尚书》列于学宫，但遭到当时诸博士的激烈反对。直到王莽称帝，重用刘歆，并把《古文尚书》立于学宫。东汉建立，全盘否定王莽所立古文经学，所置博士皆用今文经学。直到东汉马融、郑玄为《古文尚书》作注，才使其大显于世。

汉代之后，孔壁发现的《古文尚书》便失传了。东晋时，梅赜向朝廷献上自称是孔安国做“传”的《古文尚书》。梅赜所献之书，比伏生所传之书多出二十五篇，又把伏生所传二十八篇拆分成三十三篇，加上书序，总共为五十九篇。唐代的孔颖达奉命编纂《五经正义》，所用《尚书》便是梅赜所献的版本。此后梅本广为流传，清代又收入《十三经注疏》中。经过清人考证，梅赜所献的《古文尚书》，除去伏生所传部分及书序，其余均为伪作，所以也称伪《古文尚书》。

《今文尚书》二十八篇，按时代分为《虞书》《夏书》《商书》《周书》四部分。除《虞书》《夏书》多为后人追记，其余大多为当时的原始记录。即使追记部分，也很有可能是口耳相传下来，最后形成文字。这二十八篇成为我们研究上古社会历史、思想、文化的珍贵资料。《史记》就多录《尚书》的内容，现在不断出土的文字资料也进一步佐证，《今文尚书》是研究上古史非常珍贵的史料。

自从清人考定梅赜所献《孔传古文尚书》为伪作之后，此后研治《尚书》者多不再对其中认定为伪作的部分进行研习、讲说。但今天看来，这部分内容仍有其价值。《四库全书总目提要》说到："梅赜之书行世已久，其文本采掇佚经、排比联贯，故其旨不悖于圣人，断无可废之理。而确非孔氏之原本，则验证多端，非一手所能终掩。"这样的评价是公允的。

《尚书》作为儒家经典之一，历来受到高度重视，成为历代帝王的政治参考书，也成为士大夫们日夜诵读的经典。现在，它是我们研究上古史最基本的史料之一，也是理解儒家政治思想的重要参考资料。

《尚书》通行注本为《十三经注疏本》，此外，清人孙星衍的《尚书今古文注疏》、皮锡瑞的《今文尚书疏证》，近人曾运乾的《尚书正读》、杨筠如的《尚书覈诂》、周秉钧的《尚书易解》、王世舜的《尚书译注》也较为流行，可供参考。

《诗经》——我国第一部诗歌总集

《诗经》是我国最早的一部诗歌总集。在先秦称为《诗》，因为收入的诗歌总数为305篇，所以取其约数，又称"诗三百"，直到汉代，《诗》被官方正式确认为"经"，才称为《诗经》。《诗经》所收诗歌自西周初年至春秋中叶，约公元前1000年至公元前600年之间，历时长达五六百年。从地域来看，有出于王都之地者，有出于诸侯各国者。范围涉及今天的陕西、山西、河南、河北、山东、安徽、湖北等地。

周代为了解民情、民风，派专职官员到民间采集民歌。周王朝的乐官也创作诗歌，以供王室宗庙祭祀等用。公卿大夫也有向天子进献乐歌的惯例。这些来自王侯公卿及至民间的诗歌经周朝乐官整理，便成为《诗经》的主要来源。

《诗经》在西汉时期，主要有四家对其进行传授研究，有鲁人申培所传的“鲁诗”，齐人辕固生所传的“齐诗”，燕人韩婴所传的“韩诗”，鲁人毛亨与赵人毛苌共传的“毛诗”。鲁、齐、韩合称“三家诗”。三家诗先后亡佚，齐诗亡于曹魏年间，鲁诗亡于西晋时期，《韩诗内传》亡于宋室南渡，现在只有《韩诗外传》流传于世。《毛诗》在后来历史的发展过程中逐渐兴起，一直流传至今。现在流传的《诗经》便是毛亨、毛苌所传，所以《诗经》也称为《毛诗》。

《诗经》有“六义”之说，是我们学习和研究《诗经》必须要清楚的一个问题。“六义”即风、雅、颂、赋、比、兴。其中，风、雅、颂是诗歌的体裁，赋、比、兴是诗歌的表现手法。

《诗经》中的“风”，包括《周南》《召南》《邶风》《鄘风》《卫风》《王风》《郑风》《齐风》《魏风》《唐风》《秦风》《陈风》《桧风》《曹风》《豳风》十五国的诗歌共一百六十篇，称为“十五国风”。所题篇名，有用诸侯国的名称命名，有用诸侯国所居之地来命名。这些诗歌，大多是采自各地的民间歌谣，是劳动人民集体智慧的结晶，真实地反映了当时各地的社会生活，表达了人们的思想、情感。“十五国风”语言生动，描写形象，具有很高的思想性和艺术性，是《诗经》的精华所在。

“雅”包括《大雅》三十一篇，《小雅》七十四篇，共收诗一百零五篇。全部以十篇为一组，并以该组的第一篇来命名该组诗名。“雅”就是“正”的意思，雅乐就是正乐，这是相对于民间诗歌而言。大、小《雅》所收诗歌，多为西周王畿之内的诗歌，所以称之为“正乐”。《诗经·小雅》中的《南陔》《白华》《华黍》《由庚》《崇丘》《由仪》六首诗，只有篇目而没有内容。宋代的朱熹认为这六首诗本来就是有声而无辞，它们只是用笙吹奏的伴奏乐曲，这样的看法得到多数学者的赞成，所以也把这六首诗称为“笙诗”。《雅》中所收诗歌，内容涉及较广，有周族发展的史诗，也有歌颂统治者的赞美诗；有反映冲突的战争诗，也有批判政治的讽喻诗；有表达人民疾苦的怨愤诗，也有讲述男女情爱的爱情诗。其中有不乏优秀作品。

“颂”包括《周颂》三十一篇，《鲁颂》四篇，《商颂》五篇，共收诗四十篇。主要内容是庙堂祭祀的乐歌。《周颂》是西周统治者用于祭祀的乐歌，多作于昭王、穆王以前。《鲁颂》是歌颂鲁僖公的作品，《商颂》是周代宋国的作品，因为周代宋国是商人后代所建立的诸侯国。“三颂”诗歌对于研究古代社会发展，有重要的史料价值。

“赋”是铺陈直叙的意思。这是一种创作方法，通过对事物的客观描述，进而表达其思想情感。“比”是打比喻的意思，通过打比喻的方法，使抽象的事物具体化。“兴”是起兴之意，用来引起下文，有时也有比喻和象征的意义。赋、比、兴是古人对诗歌创作手法的总结。

《诗经》的内容，反映了当时贵族、大夫的生活与理想，也反映了人们反抗统治阶级的剥削和压迫，表达其遭受征伐徭役之苦，揭露了统治阶级的暴行。同时对当时的爱情和婚姻问题也有所反映。

通常人们认为现存《诗经》的 305 篇是孔子曾删订过的，近年来新出土的竹简，也曾看到《诗经》的部分内容，如 1977 年在安徽阜阳汉墓出土了 170 余枚《诗经》竹简，上海博物馆收藏的战国竹简中也有关于孔子对《诗》的讨论，为我们进一步了解《诗经》提供了宝贵的资料。现在《诗经》的通行注本是十三经注疏本，为毛亨传、东汉郑玄笺、唐代孔颖达正义。此外，南宋朱熹的《诗经集传》，今人闻一多的《诗经新义》也较为流行，值得参考。

《仪礼》——记载古代礼节仪式的著作

《仪礼》是记录我国上古时代礼仪的一部典籍，与《周礼》《礼记》合称“三礼”。《仪礼》原称《礼》，战国时代的文献所见，当时人们都称《仪礼》为《礼》。汉代设“五经”博士，《仪礼》属于“五经”之一，所以也被称为《礼经》。大约在魏晋之际，《仪礼》成为通称。

中国号称“礼仪之邦”，而且夏、商、周三代是中国的“礼治”时代，礼仪成为人们生活中非常重要的内容之一，国家也特别重视“礼”，当时有“国之大事，在祀与戎”的说法，就是说战争与祭祀，是当时国家最主要的事情，因此学习礼仪也成为贵族教育的重要内容。

《仪礼》的作者及成书年代在学界争论较大。有人认为《仪礼》是周公所作，有人认为是孔子编著，有人认为是孔子之后的儒者所作，有人认为是孔子编作，孔门弟子进行了续编和增益。我们倾向于认为《仪礼》一书是孔子的弟子及其后学陆续撰成，成书于春秋战国之际。其内容有前世流传下来的礼典，也有当时社会通行的礼典。

今存《仪礼》共十七篇，《士冠礼》记述男子二十岁举行加冠仪式。加冠之时，为受冠者起“字”，表示已经成年。可以享受成年人的权利，同时也意味着要承担成年人的义务。

《士昏礼》，记述青年男女缔结婚姻的一系列礼节仪式。男女结为夫妇，人类文明才得以繁衍，所以儒家对婚礼非常重视，认为“昏礼”是礼制的根本。因为男子在昏时迎娶新娘，所以称为昏礼。婚礼的全部过程包括纳采、问名、纳吉、纳徽、请期、新迎六项内容。

《士相见礼》，记述初次交往的礼节仪式。包括初次相见时所带礼物，如何应对等内容。

《乡饮酒礼》，记述古代乡一级的组织定期举行的以尊敬长者、老者为中心的宴饮活动。

《乡射礼》，记述古代以乡为单位的射箭大赛所行的礼节仪式。乡射活动分春秋两季举行，以此活动考察参赛者的德行，选举贤能。

《燕礼》，记述诸侯宴饮的礼节仪式。如宴饮时的酒具、席位、场面、乐舞等内容。

《大射仪》，记述诸侯国君主持的射箭比赛的具体礼仪。诸侯在朝觐、会盟、祭祀等情况下，要与群臣进行射箭大赛。

《聘礼》，记述国君派遣大臣到其他国家进行访问时的礼节仪式。

《公食大夫礼》，记述国君招待来小聘的大夫的礼仪。

《觐礼》，记述诸侯秋天觐见天子的礼节仪式。诸侯朝见天子在不同的季节有不同的名称，春天见，称为“朝”；夏天见，称为“宗”；秋天见，称为“觐”；冬天见，称为“遇”。

《丧服》，记述死者亲属在丧服、丧期上，因身份不同，而在礼仪上体现的差别。

《士丧礼》与《既夕礼》，二者原本为一篇。讲古代一般贵族从死亡到埋葬等一系列关于丧葬的礼节仪式。

《士虞礼》，记述士埋葬父母后返回家中所举行的安魂礼。

《特牲馈食礼》，记述士在家庙中祭祀祖先的礼节仪式。

《少牢馈食礼》与《有司彻》，记述卿大夫在家庙中祭祀祖先的礼节仪式。

《仪礼》主要讲礼仪在社会生活中的具体仪式，《仪礼》所记内容多为远古氏族社会遗留下来的礼俗习惯，通过这些礼仪制度可以窥视到远古社会生活及习俗情况，为我们了解中国上古社会的礼乐文化、民俗民情、政治经济等提供了宝贵的资料。

《仪礼》的通行本是十三经注疏本，为汉郑玄作注、唐贾公彦作疏。此外，清人胡培翚《仪礼正义》、清人姚际恒的《仪礼通论》、今人杨天宇的《仪礼译注》也颇为流行，值得参读。

《礼记》——阐释古代礼仪制度理论之作

《礼记》有《大戴礼记》和《小戴礼记》两种，我们现在说到的《礼记》一般指《小戴礼记》。《礼记》中的“礼”指的是《仪礼》，“记”是对经文的解释、说明。《礼记》是儒家关于各种礼仪的理论阐释的汇编，是研究中国古代礼学的重要资料，也是研究儒家“礼”思想的重要文献。

《礼记》的编纂者是西汉戴圣。戴圣，字次君，梁国人，汉武帝、宣帝时人。西汉初年，河间王得到一百三十一篇先秦礼学的著作。到西汉末年，刘向整理群书时，从中整理出一百三十篇，又加上《明堂阴阳记》《乐记》等篇一共有二百一十四篇。戴德删去重复部分，留下八十五篇，编为一书，此即《大戴礼记》。戴圣在《大戴礼记》的基础上又进行删节整理，保留下四十六篇，就是《小戴礼记》。东汉末年，经学大家马融把《小戴礼记》增加三篇，成为四十九篇，就成为我们现在看到的《礼记》。

《礼记》的内容，我们采用王文锦先生的看法，把其分为八类。(1) 对某项礼节予以专述。如《奔丧》记述周代奔丧、吊唁等各种礼仪规定以及具体形式；《投壶》记述燕饮投壶礼节的有关礼节仪式。(2) 直接解释、说明《仪礼》。如《冠义》记述冠礼作为成年礼的规定和意义；《昏义》记述嫁娶仪式的具体规定、意义以及男外女内、男尊女卑的思想；《乡饮酒义》记述古代乡人在一定时间内聚会饮酒时的具体礼节及其反映的尊长养老的习俗和举行此礼的意义；《射义》记述古代定期举行射礼礼节的具体做法及其意义；《燕义》记述了君臣宴会的仪式及其作用；《聘义》记述聘问交往的有关礼节仪式及其所代表的意义；《丧服四制》记述了周礼丧服期间恩、理、节、权四种制度的作用和意义。(3) 杂记丧服丧事。如《檀弓》记述孔子居丧及门人治丧吊丧的言行与事迹；《曾子问》记述周代丧葬、丧服等有关制度及其故事；《丧服小记》记述丧服及其有关礼仪因宗族关系的亲疏而各有差异；《丧大记》记述棺椁殡仪制度及居丧礼仪制度；《问丧》记述丧葬期间子女亲戚哭丧的具体表现形式及其礼仪规定；《服问》记述丧葬期间子女亲戚在丧服方面的差别；《间传》记述由亲属关系的不同而具有丧服式样的差别及其轻重区别；《三年问》记述三年之丧的道理。(4）记述专项礼制。如《王制》记述周王朝爵禄、赐士、朝聘、田猎、教育、养老等制度；《礼器》记述虞夏商周四代不同礼仪器物的异同及其制度的变迁；《效特牲》记述周代祭祀天地的大礼用器及有关礼节；《玉藻》记述贵族服饰仪容等各种内容；《明堂位》记述夏商周三代明堂制度及有关礼仪；《大传》记述宗法制度、大宗小宗之别以及尊祖敬宗之义；《祭法》记述虞夏商周四代郊禘礼仪及周代宗庙祭祀制度、宗庙之制；《祭统》记述祭祀活动中各项礼仪的规定及其作用；《深衣》记述了深衣之制的样式及其原因。(5）记述日常生活礼节和守则。如《曲礼》记述礼的定义、细节以及君臣与贵族间的礼节；《内则》记述周代妇女的家庭守则及家庭长幼之礼、尊老敬老的礼仪制度；《少仪》记述贵族饮食起居及出聘应对问答的有关礼仪。(6）记述孔子言论。如《坊记》记述君主及其上层统治者修身养性、以身作则的表率作用；《表记》记述孔子关于君子修身治国品德修养方面的语录；《缁衣》记述了孔子论证君子修养品性的重要性；《仲尼燕居》记述孔子及其弟子论述礼乐的重要意义；《孔子闲居》记述孔子及其弟子子夏论述礼乐的重要作用；《哀公问》记述了鲁哀公与孔子就礼仪、修身、尊天有关方面的问答之词；《儒行》记述儒者的行为举止、衣食住行以及品德修养方面的特点。（7）结构比较完整的儒家论文。如《礼运》记述孔子追求原始社会的大同时代与夏商周三代的小康社会的不同及其发展的情况；《学记》记述周代及其与夏商不同时代学校教育制度及教学方法；《祭义》记述祭祀、孝道的意义与敬老尚齿的规定及意义；《经解》记述“六经”的教育作用与礼仪在治国中的中心作用；《大学》记述了儒家有关诚意、正心、修身、齐家、治国、平天下的道理以及经济财政方面的思想主张；《中庸》记述了中庸之道、治理国家的几种方式及治学方法。（8）具有专门目的的篇章。如《月令》记述了一年十二个月的天象、物候、节令、农业生产活动及与之相关的礼仪活动；《文王世子》记述了周初教育王子及贵族子弟的有关礼仪等事。

《礼记》是研究西周春秋历史的必读书，阐述了儒家的政治理想及政治主张，以及儒家的人生哲学与政治抱负，表明儒家提倡的“礼”的精神与礼节仪式所反映的意义。《礼记》的通行本是十三经注疏本，汉郑玄注、唐孔颖达疏。此外，清人朱彬的《礼记训纂》、清人孙希旦的《礼记集解》、今人杨天宇的《礼记译注》也颇为流行，值得参阅。

《周礼》——远古的理想

《周礼》初名《周官》《周官经》，与《仪礼》《礼记》并称“三礼”。《周礼》是儒家十三部经典中，唯一一部阐述儒家理想官制的著作，对中国古代官制的建置产生了深远的影响。

在“三礼”中，《周礼》出现最晚。对于《周礼》的发现，有两种说法影响较大。一种看法认为，《周礼》是汉武帝时河间献王刘德所献。河间献王得到一批用先秦文字写的旧书，献于朝廷，其中就包括《周礼》一书。另一种看法认为《周礼》是汉武帝时民间所献。汉武帝时，《周礼》并未得到重视，直到西汉孝成帝时，刘向、刘歆父子校理朝廷所藏之书，发现了《周礼》，并用《考工记》代替《周礼》所缺的《冬官》。

对于《周礼》成书的年代及作者，历来有不同的看法。有的人认为是周公亲自撰写的；有的人认为虽然《周礼》为西周时期的作品，但未必是周公所作；有的人认为是春秋时期的作品；还有的人认为《周礼》写成于春秋战国之际，可能是孔子及其弟子所作；还有人认为成书于战国；也有人认为是成书于汉初，由专人完成；甚至有人认为是成书于西汉末年，是刘歆的伪造。人们对《周礼》成书的看法，前后相差一千多年，孰是孰非，难以遽下定论。结合《周礼》所载内容，以及近年来新出土的儒家材料来看，我们倾向于《周礼》成书于战国时期。

《周礼》全书约四万五千字，原为六篇，分《天官》《地官》《春官》《夏官》《秋官》《冬官》。后因《冬官》亡佚，以《考工记》补之。在《周礼》一书中，六官是整个官制体系的枢纽。六官之下，设有属官及地方官三百六十多个，构成了从中央到地方，既相互联系又相互制约的一个有机的政权体系。

天官冢宰，也称太宰，为六官之首，被尊为百官之长，他统领百官，掌理天下政务，辅助君主治理天下。相当于后来的宰相或总理大臣。太宰的副职是小宰，辅助太宰处理政务，同时也分管宫廷的刑法、政令等。

地官司徒，主管土地、户口，负责分配土地，征收赋税。地官之长称之为大司徒，具体职责是掌握全国地域大小，掌握山林、川泽、丘陵等地出产之物，掌管诸侯邦国之数，确定各国疆域，也负责教化民俗，赈灾救济，制定赋税等等。大司徒的副职为小司徒，掌管国家的教法，稽查王城及四效的户口等。

春官宗伯，职掌礼典，掌管吉、凶、军、宾、喜五礼。吉礼是祭祀之礼，凶礼是丧、忧之礼，军礼为师旅征战之礼，宾礼为礼宾之礼，嘉礼为喜庆之礼。春官之长为大宗伯，其具体职责是掌建君王祭祀天神、人鬼及大地之礼，辅助君主治理天下。大宗伯的副职是小宗伯，主要职责是掌管国中祭祀的神位，掌管五礼的禁令与所用祭品的等差。

夏官司马，职掌政典，主要是军政。掌管军队的编制、军队的训练、出师征伐、征收军赋、管理军需等。夏官之长为大司马，主要职责是辅助君主治理邦国，建立军队，向邦国宣布政教，负责军事训练，军事检阅。遇有战事，负责调集军队，巡视战况，执行赏罚。大司马的副职为小司马，辅助大司马处理政务。

秋官司寇，职掌刑典。掌管刑法、司法、治安等工作。秋官之长为大司寇，负责国家所用刑典的轻重，施行“五刑”，即野刑、军刑、乡刑、官刑、国刑，整治万民。管理诉讼，宣布刑法。秋官司寇的副职为小司寇，主要负责掌管外朝的政法。

冬官司空，因原文亡佚，具体职掌不得而知。所补之《考工记》的内容主要是百工及土木建筑之事。

《周礼》中所蕴含的人文精神、理想政治对中国文化产生了深远的影响，正如金景芳先生曾说“我们今日而欲考求中国古代的田制、兵制、学制、刑法、祀典诸大端，固舍是书莫属了”。《周礼》是我们今天研究先秦政治制度、思想文化的重要史料。

《周礼》通行注本为十三经注疏本，汉郑玄注、唐贾公彦疏。清人孙诒让《周礼正义》对清末以前有关《周礼》的各种学案作了系统的归结，参考价值非常大。今人林尹的《周礼今注今译》、杨天宇的《周礼译注》也值得参考。

《春秋左氏传》

——一部优秀的史学和文学著作

《春秋》本为鲁国的史书，据说曾经过孔子的修订，所以成为儒家的经典之一。《春秋》共一万六千余字，记载了从鲁隐公元年（公元前 722 年）至鲁哀公十六年（公元前 479 年），共 244 年间的历史，以鲁国的历史为主，旁涉其他各国的重要事件。《春秋》体例为编年体，以鲁国隐、桓、庄、闵、僖、文、宣、成、襄、昭、定、哀十二位君主的次序，分年记事。

《春秋》受到儒家乃至整个社会的重视，有不少学者对其作传注。据《汉书 · 艺文志》所载即有五家，分别为《春秋左氏传》《春秋公羊传》《春秋谷梁传》《春秋邹氏传》《春秋夹氏传》。由于《邹氏传》与《夹氏传》无传人，渐渐失传，《左氏传》《公羊传》《谷梁传》流传至今，通常称之为“春秋三传”。

《左传》的作者及成书年代也存在着较大的争论。有人认为是左丘明为传《春秋》而作，成书于春秋晚期；有人认为是成书于战国初年，作者是孔子的弟子子夏及其再传弟子，或是吴起；有人认为《左传》是由历代学者相继完成的集体著作，始于春秋末年的左丘明，最后成书于战国中期以前；有人认为《左传》是由刘歆改编的伪书，成书于东汉。

《左传》所记之事，不仅包括春秋时期各国政治、经济、军事、外交、文化等各方面的重要史实，而且引述了一部分西周及其以前的重大事件与古史传说，在文献缺乏的先秦时代，这些记述显得非常可贵。《春秋》所记之事极其简略，且使用了褒贬的笔法，如果没有《左传》，我们对其所记史实只能知其大略，而不可能详细了解，所以《左传》是一部非常可贵的史书。

《左传》所记内容非常丰富，记载了春秋各国的政治、军事、经济、文化，为研究春秋时期的历史提供了宝贵的资料；记载了春秋时期发生的自然现象，为研究古代自然、地理提供了宝贵的资料。

《左传》虽为历史著作，但其极富艺术特色，在我国文学史上占有重要地位。《左传》文字简练、优美，作者善于用简洁的语言描绘复杂纷繁的事物，结构严谨，条理井然。对人物的刻画非常细致，对事件的描写，使人有身临其境之感。《左传》既是一部著名的史学著作，也是一部优秀的文学作品。

《左传》通行本是十三经注疏本，晋杜预注、唐孔颖达疏。今人杨伯峻的《春秋左传注》广泛吸收古今学者关于《左传》的研究成果，反映了当代《左传》注释与研究的最高水平，十分流行。

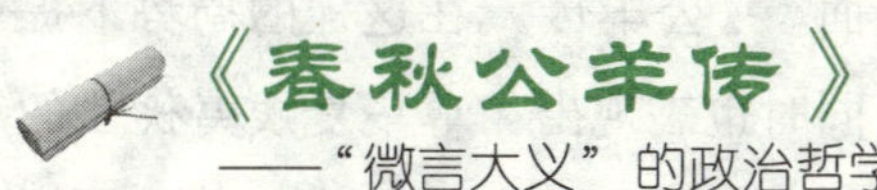

《春秋公羊传》

——“微言大义”的政治哲学

《春秋公羊传》简称《公羊传》，又称《公羊春秋》。《公羊传》是《春秋》三传之一。相传《公羊传》是孔子弟子子夏传与公羊高，公羊高传与其子公羊平，公羊平传与其子公羊地，公羊地传与其子公羊敢，公羊敢传与其子公羊寿。汉景帝时公羊寿与齐人胡毋子都著于竹帛，写成文本。《公羊传》开始是与《春秋》分开流传的，大概在西汉哀帝时，刘歆引用传文解经，把《春秋》尊为“经”，把《左氏春秋》《公羊春秋》《谷梁春秋》称为解释经书的“传”，后人把“传”附于“经”后，合为一编。

《公羊传》以发明《春秋》经的微言大义为主，在阐释经义中，大加发挥。以经典的阐释来解决现实问题。《公羊传》有几个突出的特点，如“大一统”的民族观，提倡尊奉王室，维护一统。所谓“大一统”的民族观，即政治、经济、文化诸方面统一于华夏。书中的“中国”虽指中原各诸侯国，但其更多的是一种理想。《公羊传》宣扬的“大一统”民族观，是以“尊王攘夷”和“华夷尊卑”为基础。“尊王攘夷”就是尊崇周天子，维护周王朝的“大一统”，诸夏认同，排斥夷狄异族。春秋时期，周王室衰微，诸侯争霸，非华夏族也频频进入华夏族所居之地，形成了“南夷与北狄交，中国不绝若线”的局面。《公羊传》在这样的局势下提出“尊王攘夷”的学说，同时也表现出“尊华夏贱夷狄”的思想。这种大一统观念体现的是“华夏”文化优越论，试图消除各族之间的文化个性，而使各族同化于华夏文化。“大一统”说是《公羊传》的政治理论核心，也成为儒家的政治理论纲领，这种观念也深深植根于后来中国人的心目中，影响深远。

维护宗法制度，也是《公羊传》的主要内容。《公羊传》强调嫡庶等级制度的重要性和必要性，维护春秋实行的一夫多妻制，强调宗法制度下男女关系的封闭性。

“三世”说为公羊学历史哲学的理论核心。认为历史可分为“所见”“所闻”“所传闻”三个时代，意思是说《春秋》中孔子对于所亲见之世（鲁昭公、定公、哀公），所听闻之世（鲁文公、宣公、成公、襄公），所传闻之世（鲁隐公、桓公、庄公、闵公、僖公）书法不同，用辞不同，是因为时代远近不同，恩情薄厚不同，自身感受深浅不同所致。《公羊传》“三世说”实际上是孔子“据乱世”“升平世”“太平世”理论的发展。公羊家的“三世说”历来是批判宣扬复古倒退的历史学说的武器，历代倡导改革的政治家都尊崇公羊之学。

《公羊传》创立了三统说。三统即黑统、白统、赤统。三统之间的循环造成历史的递嬗。孔子继承周代，受天命而王，但因为没有掌握政权，于是制《春秋》之义，以俟后圣。这种说法有利于巩固现行政权。

《公羊传》的“素王”说也特别引人注目。称孔子为“素王”常见于各种典籍，公羊家对“素王”的解释是：素，空也，素王就是说孔子没有王侯之封号，而有王侯的地位，空设一王之法，表明了公羊家对孔子的推崇。

传世研治《公羊传》的最早著作，一是董仲舒的《春秋繁露》，一是何休的《春秋公羊解诂》。现在较为流行的是十三经注疏本，东汉何休注，唐代徐彦疏。此外，今人王维堤、唐书文的《春秋公羊传译注》、梅桐生的《春秋公羊传全译》颇适合于初学者阅读。

《春秋谷梁传》——礼仪教化的历史经学

《春秋谷梁传》简称《谷梁传》，是《春秋》三传之一，是解释《春秋》经义的著作。相传，《谷梁传》也是孔子弟子子夏所传，至西汉才写成文本。

《谷梁传》主张天下一统，王权至上，尊王攘夷，尊贤重道。《谷梁传》站在中原华夏的立场上，维护中原华夏礼仪文化，蔑视贬斥周边夷狄之国，对夷狄的入侵扩张行为极为痛恨，强烈谴责。《谷梁传》提倡礼制，严守等级，认为君臣、父子、夫妇都有各自的道德规范，超越了自己身份的行为，便是违背礼制。《谷梁传》维护宗法体制，提倡尊尊亲亲的原则。尊尊，即是诸侯要忠于天子，大夫要忠于诸侯；亲亲，即是儿子要敬爱父亲，弟弟要敬爱兄长。要为尊者、亲者讳，以此维护尊亲的权威和利益。《谷梁传》提倡君主要关心农业，要满足民众的生活需求，崇尚道义，对武力持一种谨慎态度。它并不一概反对武力，而是主张文事与武备并重，认为训练军队，加强战备是必要的，但是备战要以道义为重。主张会盟，互不侵伐，用兵要有正义的目的。《谷梁传》重视婚姻，轻视妇女。认为婚姻对于宗族的延续和繁衍，具有重要意义，因此非常重视。但是在以男性为中心的宗法社会里，妇女没有独立人格和意志，只能从属依附于男性而存在，成为传宗接代、生儿育女的工具，《谷梁传》反复强调妇女要从属于夫家。

《谷梁传》长期处于民间地位，不为官方重视。由于受到汉宣帝的重视和支持，《谷梁传》的地位不断提高。东汉以后，《谷梁传》的地位下滑。虽然到唐代列为“九经”之一，后又列为“十三经”之一，但其地位和影响均不及《公羊传》，研习之人较少。

《谷梁传》所记述的古代礼制，成为后世研究中国经学史、思想史、文化史的重要内容和宝贵资料，对中国传统政治思想、道德观念具有了不可低估的作用。由于《谷梁传》成为儒家经典的组成部分，所以其思想观念也成为古人的行事标准之一。

现存最早为《谷梁传》作注的是东晋范宁《春秋谷梁传集解》，唐代杨士勋为《春秋谷梁传集解》作疏，他们的注疏都收入《十三经注疏》中。清人钟文烝的《谷梁补注》代表了清人研究《谷梁传》的最高水平。今人承载的《春秋谷梁传译注》较适合于初学者阅读。

《论语》——仁者的教诲，儒家理论的奠基之作

《论语》是最为人们熟知的儒家经典之一，是研究孔子思想的主要资料，也是对中国历史进程产生过深远、持久影响的典籍之一。

《论语》是孔子及其部分弟子的言论汇编。孔子去世后，其弟子把孔子的言论进行编辑，最有可能参与编撰的弟子有曾子、有子、子夏等人，大约至汉代初年，形成了《论语》的定本。《论语》虽非一人所记，也非完成于一时，但总体上反映的是孔子的思想。

孔子（前 551—前 479 年），名丘，字仲尼。鲁国陬邑（今山东曲阜）人，儒家学派的创始人。孔子祖先为宋国贵

族，入鲁后家世渐衰。孔子幼年丧父，家境贫贱，也正由于此，早年的孔子能接触到下层社会，学到一些技艺，并担任过管理牛羊及仓库之类的官员。五十岁时，孔子出任鲁国的“司寇”，摄行相事，进行旨在加强鲁国国君力量的改革，但由于受到强大的阻力，改革以失败告终，此后孔子走上了周游列国的征程。孔子先后到过宋、卫、陈、蔡、齐、楚等诸侯国，试图推行自己的政治主张。由于孔子所主张的学说与当时社会实际格格不入，所以他始终未能被列国任用。孔子晚年回到鲁国，致力于教育和整理古代典籍，编写《诗》《书》《礼》《乐》《易》《春秋》等儒家经典。相传孔子弟子前后达三千人之多，著名的有七十多人。

《论语》为语录体著作。今天看到的《论语》共包括二十篇，每篇取篇首二三字为篇名，如《学而》《为政》《八佾》等。《论语》蕴含的思想内容十分丰富，主要以政治、伦理为主，也涉及教育、哲学等各个方面。

孔子对周代的礼乐制度采取了肯定的态度。孔子说：“郁郁乎文哉，吾从周”（《论语·八佾》）。孔子认为礼乐制度到了周代才粲然完备，所以一生以复兴“周道”为目标。孔子对“礼”非常重视。他说“非礼勿视，非礼勿听，非礼勿言，非礼勿动”，“礼”成为其一生实践的准则。孔子思想中的“礼”与周代的“礼”已有重大不同，因其把“仁”注入到礼中。孔子提出了以“仁”为核心的伦理思想。孔子对“仁”进行了新的诠释，且认为人的真正意义、价值在“仁”，所以他说“仁者，人也”“仁者爱人”。“仁”就是把人当人来看待，强调了人与动物的区别，尊重人的人格，在以仁爱对待他人的过程中实现自己的价值。如何实现“仁”？孔子提出“忠恕之道”。他说“仁者，己欲立而立人，己欲达而达人。能近取譬，可谓仁之方也已”（《雍也》），又说“己所不欲，勿施于人”（《颜渊》）。我希望实现的，就帮助别人实现；我自己不喜欢的，也不能强加于别人。这种“换位思考”的待人态度，把血缘家庭的亲亲放大为整个社会的处世原则，体现了孔子对“人”自身的尊重。能体现“仁”的君子，在孔子看来，是一种理想的人格，因而大力提倡。君子成为道德实践的典范，君子品格的形成主要是依靠自身修养。经过人自己的努力可以实现“仁”，“我欲仁，斯仁至矣”（《述而》）。孔子虽然一再提倡“仁”，强调自身的修养，但他认为道德修养并不是人的最终目的，加强自身修养是为了实现其在政治上的目标，即“修己以安人”“修己以安百姓”。整体而言，孔子的思想体系是一个仁、礼互动的体系。

孔子是中国历史上最著名的教育家之一，首开私人讲学之风。他的教育思想以及教学原则、方法历来受到人们的重视，《论语》中有关这方面的论述非常丰富。孔子的一些教育思想，如“有教无类”“因材施教”等，直到今天仍然值得我们继承和发扬。

《论语》从东汉起被列入儒家经典，到南宋时，理学家朱熹把《论语》同《孟子》《中庸》《大学》合在一起称之为《四书》，成为历代读书应举之人必读的经典。《论语》对后世中国产生了很大的影响，以至于出现“半部《论语》治天下”之说，可见其在中国典籍中的重要性。《论语》的思想内容、思维方式与价值取向，也影响了整个中华民族的心理素质。及至当今，《论语》被译为多国文字，在世界范围内产生了深远的影响。

现存《论语》最古的注本为魏何晏等人的《论语集解》，为研究《论语》及孔子思想的重要参考。朱熹集宋儒之学撰成《论语集注》，对后世有较大的影响。清代学者刘宝楠的《论语正义》最为详博。近人注本中，以程树德的《论语集释》、杨伯峻的《论语译注》与钱穆的《论语新解》流传较广。

《孟子》——王道仁政的说教

《孟子》为儒家经典之一，《孟子》主要记录的是孟子的言论和学说，但其作者与成书年代，历史上也有不同的看法。有的人认为《孟子》完成于孟子生前，是孟子自己所作；有的人认为是孟子去世后，其弟子万章、公孙丑等共同记述的；

有的人认为《孟子》一书在孟子生前就基本完成，主要作者是孟子，但其弟子万章、公孙丑等也参与了写作。我们倾向于最后一种看法。

孟子（约公元前385—公元前304年），名轲，邹国人，是战国中期著名的思想家、教育家，是继孔子之后儒家最重要的代表人之一。

孟子为鲁国贵族孟孙氏的后代，至孟子时家道已衰落，从鲁国迁至邹国。孟子幼年家贫，父亲早逝。孟子母亲特别重视对孟子的教育，曾有“孟母三迁”的故事流传。

据史书记载，孟子是跟着孔子的孙子子思的门人学习儒家之学的。他非常崇拜孔子，认为自从有生民以来，未有胜过孔子之人，认为孔子是圣人中的集大成者。孟子一生致力于弘扬和发展孔子的学说，对儒家学说，尤其是儒家的心性学说作出了巨大贡献，在宋代被尊为仅次于孔子的“亚圣”。

孟子曾效仿孔子周游列国，先后游历齐、宋、薛、邹、鲁、滕、梁等国，宣传他的王道仁政思想。随从者众，且所到之处，各国都礼遇有加，但其思想学说一直未被诸侯采纳实践。孟子晚年与其弟子讲学撰书。

《孟子》一书共七篇，分别为《梁惠王》《公孙丑》《滕文公》《离娄》《万章》《告子》《尽心》。此外还有外书四篇，即《性善辩》《文说》《孝经》《为政》，一般认为是伪作。

孟子认为人性是善，因为每个人生来就具有“四善端”，即恻隐之心、羞恶之心、辞让之心、是非之心，而恻隐之心即仁之端，羞恶之心就是义之端，辞让之心就是礼之端，是非之心就是智之端。所以孟子说“仁、义、礼、智”是人心所固有的，这是一种与生俱来的善性。因为孟子认为善性是每个人具有的，所以善行的实现，也就依靠扩充自身的“善端”，因此他提出了一整套修养工夫，如“尽心知性”“存心养性”“反身而诚”“寡欲”等等，为儒家心性学说奠定了理论基础。

孟子从性善论出发，提出了他的仁政王道政治学说。以不忍人之心行不忍人之政，这样的政治是一种王道政治，而且这样治理国家，国家也容易治理，此即孔子提倡的“德治”思想。在王道仁政的具体措施中，君主要省弄罚，薄税赋，要保证百姓有恒产，提倡“保民而王”。儒家的“民本”思想，在孟子的学说中得到充分发展。孟子对理想人格的论述，如“大丈夫”“以身殉道”“舍生取义”等曾激励了无数仁人志士，成为传统文化的重要组成部分。

《孟子》在汉代便受到重视，但其地位还不能同儒家经典——“五经”相比，《孟子》一书地位的提高是在宋代，北宋宋太祖时，《孟子》才正式列入经部，朱熹将《论语》《孟子》《大学》《中庸》合在一起，并为之作注，称为《四书集注》。此后，《孟子》成为学子的必读之书。《孟子》的通行本是十三经注疏本，东汉赵岐注、宋孙奭疏。此外，南宋朱熹的《孟子集注》、清人焦循的《孟子正义》、今人杨伯峻的《孟子译注》也颇为流行，值得参读。

《孝经》——我国古代孝道、孝治的经典理论

《孝经》是中国第一部伦理道德专著，全面系统地论述了儒家提倡的孝道思想，讲述了在“事亲”的前提下，天子、诸侯、大夫、士人、庶人百姓应遵守的孝道，以及如何推广孝道，并对“孝”在修身、治家、治国中的作用进行了论述。全书分十八章，共一千九百零三字。《孝经》在十三经中是一部文字最短、内容浅显而又影响较大的儒家经典。两千年来，上至王公贵族，下至庶民百姓，对《孝经》备加尊崇，广为习诵。

关于《孝经》的作者，历来有多种说法：有认为是孔子所作；有人认为是孔子弟子曾子所作；有人认为是曾子的门人所作；有人认为是孔子之孙子思所作；有人认为是孔子门人所作，但具体为谁，没有资料无法推断；有人认为是齐鲁间儒者所作；有人认为是孟子门人所作；也有人认为是汉代儒生所作。在上述不同说法中，我们倾向于《孝经》是由曾子及其弟子整理而成，其中许多内容，应是曾子闻之于孔子之言。

《孝经》的“经”与儒家其他经典之“经”不同，它是“原则”“方法”之意，为本有之名，并非后人所加。《孝经》在西汉初年，便被列入官学，并且成为儿童识字之后的必读书。

《孝经》认为孝在人类社会的众多道德中非常重要，有着根本性的地位，首章即讲“夫孝，德之本也，教之所由生也”。强调孝的重要性，反对不孝的行为。

《孝经》认为只有推行孝道，社会才最终得以安定；以孝治天下，这样的结果是君民同乐。《孝经》认为，在“事亲”的大原则下，各个不同地位的人，孝道不尽相同，应各行其道。提出“移孝于忠”的观点，通过孝，把家庭与国家之间的关系联结起来，并对孝道的主要内容进行论述。《孝经》提倡行孝，但反对愚忠、愚孝。对丧葬之礼也有专门的论述。以丧葬之礼来说明慎终追远，不忘行孝。

《孝经》突出地将“孝”这一伦理范畴同政治紧密联系起来，甚至有时将“孝”同政治等同起来，表现出了伦理政治一体化的倾向，正是由于《孝经》的这一倾向，使之具有了维护社会、化民成俗的政治功能，而非单纯的伦理道德功能，所以受到历代统治者的重视，用来巩固其政权。《孝经》对殷、周以来产生的“孝”思想进行继承、发扬、总结，形成了代表儒家有关“孝”的理论，对后世中国产生深远的影响。

《孝经》通行本为十三经注疏本，唐玄宗注，宋邢昺疏。此外，汪受宽的《孝经译注》也可参考。

《尔雅》——我国第一部解释词义的著作

《尔雅》是我国最早的按类编排的综合性辞书，在十三经中较为特殊。“尔雅”之名，就是以当代的标准语解释古语、方言俗语。

《尔雅》的作者与成书年代，历来争议颇多，有人认为是周公所作，成于西周；有人认为是孔子门人所作，成于战国初期；有人认为是齐鲁儒生所作，成于战国末年；有人认为是众多儒生所撰，成书于西汉初年；也有人认为是成书于汉武帝之后、汉平帝之前，甚至有人认为是刘歆伪造之作。较为可靠的看法是该书成于战国末年，是儒者集体编纂之作。

《汉书·艺文志》著录《尔雅》三卷二十篇，原有《序篇》，在唐、宋间亡佚，今存十九篇。全书按词语类别可分为两大部分。第一部分为一般词语类。《释诂》《释言》《释训》三篇是对古代文献一般词语的训释汇集。《释诂》为一词释多词；《释言》为一词释一词或二词；《释训》多为解释叠字词或联绵词。第二部分是名物词语类。包括《释亲》《释宫》《释器》《释乐》《释天》《释地》《释丘》《释山》《释草》《释木》《释虫》《释鱼》《释鸟》《释兽》《释畜》

十六篇。具体内容包括宗族关系中各种称谓，宫室、礼乐、器物等名称，也有天文地理的名称，植物、动物的名称。

《尔雅》是一部收集大量先秦训诂资料，以解释词语为主的工具书，对我国以后辞书学做出了贡献，也是我国训诂学史上最早的训诂专著。《尔雅》收集的大量名称词语，对我们了解当时人类社会和自然界，有着非常大的帮助。

《尔雅》的通行本为十三经注疏本，郭璞注，宋邢昺疏。此外，胡奇光、方环海的《尔雅译注》也值得参读。

《白虎通义》
——自然秩序和社会秩序紧密结合的典范

《白虎通义》又称《白虎通》，宋代以后又称《白虎通德论》。自从汉武帝“罢黜百家、独尊儒术”以后，儒学成为汉王朝的指导思想，皇帝诏命、臣民奏议经常引据儒家经书作为理论依据，用来裁断国家大事。东汉建初四年（79），汉章帝会集“五经”诸儒于白虎观，讲论“五经”异同，又命班固根据诸儒的百余篇意见，按结论分类编辑，称为《白虎通义》。该书大量引用谶纬，使经学神学化，凭借政权的力量使分歧的经义归于一统，在汉代具有权威性。这部书是今文经学的经义总汇，它标志着东汉经学与神学的进一步结合，使谶纬正式变成钦定的法典。

《白虎通义》今存四十三篇，有天地四时、五行灾变、寿命性情、封建爵号、三军诛伐、礼乐考黜、社稷五祀、封禅巡狩、学校五经、三正三教、三纲六纪、婚丧嫁娶等内容，涉及社会、礼仪、风俗、国家制度、伦理道德等各个方面，其中有很多条目汇集了不同的学术观点，以供人们参考。《白虎通义》继承和发展了董仲舒的基本观点和学说，使其更加完整，更加系统化。在历史观上，《白虎通义》继承了董仲舒的“三统”“三正”说，但对其又有发展，在理论上的分析更加精细。《白虎通义》根据“三统”“三正”的思想，说明历史演化就如连环一样，周而复始。它认为这种王朝的替代虽然是承天地，顺阴阳，符合天命的，但还是必须在改正的时候加强思想教化。《白虎通义》还特别强化了封建纲常。其“三纲六纪”说，正式提出了君为臣纲，父为子纲，夫为妻纲，以君、父、夫为本，以法典的形式进一步完善了封建宗法制，对后代造成了极大的影响。《白虎通义》特别强调师长的作用，正式将师长列入了“六纪”的范围，并且提出“人有三尊，君父师”，把“师”提高到了与“君”“父”同等的地位。《白虎通义》还特别提出了妇女的“三从”，认为妇女在家从父母，既嫁之后从夫君，夫死之后从子。突出了夫权，把妇女压到了社会的底层。

总之，《白虎通义》将董仲舒的思想进一步发展，把封建制度说成是自然“阳尊阴卑”关系在社会生活中的表现，使封建纲常进一步得到强化，在以后的传统社会中，起到了极为重要的作用。

《白虎通义》在北宋后即残缺，清代学者曾有辑佚。目前较为流行的注本有清代陈立新的《白虎通疏证》。

《五经正义》
——唐代官方颁布的解经标准注本

《五经正义》是唐代官方颁布的解经标准注本。五经是指儒家的五部经典著作，即《易》《诗》《书》《礼记》《左传》。自东汉末年起，战乱时有，儒家经典也大量散佚。国家长期分裂，经学也逐渐形成了“南学”与“北学”的局面，经学研究比较混乱。唐朝初年，为了统一思想，便开始整顿经学。孔颖达奉唐太宗之命，与颜师古、司马才章、王恭、王琰等编成《五经正义》。

孔颖达（574—678），字仲达，冀州衡水（今属河北）人。孔子三十二世孙。生于北朝，曾向隋代大儒刘焯问学，入唐以来，历任国子博士、国子司业、国子祭酒等职。他长于《左传》《郑氏尚书》《毛诗》《王氏易》《礼记》等，兼通数学、历法。

《五经正义》是当时学术融合趋势下的产物，是一部统一南北经学的著作。五经的成书年代较早，随着时代的变迁，语言文字也发生了变化，所以后人学习这些经典有诸多困难，于是人们给经书作注解。一部经书有不同的人注解，《五经正义》就是从众多的注解中选择好的注本，对经学的解释统一整理。但孔颖达坚持注不破经、疏不破注的治“经”原则，所以《五经正义》是以南学治南学，以北学治北学。《五经正义》是以儒家为主，兼取佛、道二说的结合体。其学术意义已经超出了经学自身的范围。《五经正义》为后来的宋明理学开辟了先路。

《五经正义》是一部政治性很强的文献，在某些方面具有封建法典的意义。孔颖达处在唐初的统治者努力重建社会秩序的时代，为了维护等级制度，所以特别强调“礼”的作用。他认为“礼”为天地规定了道路，为人伦规定了原则，是自然界和社会所应遵循的“理”。有了天地，有了人类之后，“礼”就为它们规定了尊卑的次序；尊卑也是自然而有的，与生俱来的。为了使尊卑有序，就需要君臣来掌握礼。孔颖达也注意到贫者愈贫，富者愈富的危险性，主张使贫者不愈贫，富者不愈富，并且在提高贫者物质生活水平的同时，使他们知道一些礼，这样才有利于国家的治理。

《五经正义》汇集了魏晋南北朝学者的经学研究成果，标志着经学一统局面的形成，在唐代具有很高的权威性。加之其为朝廷颁布的官书，且自唐代到宋初，明经取士，都是以此为标准，所以《五经正义》的影响较大，并流传至今。《五经正义》的内容后收入到《十三经注疏》中。

《四书集注》

——宋代之后科举考试的标准参考书

《四书集注》，南宋朱熹编注，全名为《四书章句集注》。朱熹（1130—1200），字元晦，一字仲晦，号晦庵，晚年号晦翁、沧州病叟。徽州婺源（今属江西）人，侨居建阳（今属福建）。朱熹家族世为婺源大姓，其父为北宋理学创始人二程的三传弟子。朱熹自幼秉承家学，19岁便中进士，在朝中任要职。他曾在庐山建立“白鹿洞书院”，讲授经书，宣传理学思想，培养了一大批学生。在湖南时，又办“岳麓书院”，讲学授徒。朱熹认为孔、孟之道应以《大学》《中庸》《论语》《孟子》为基础，他把四部书及其所做的注释编为《四书章句集注》。朱熹晚年受到排斥，直到死后九年，其名誉才被恢复，宋理宗宝庆三年（1227）下诏赠朱熹“太师”称号，并追封信国公，且提倡学者学习朱熹的《四书集注》等著作。此后，以朱熹为代表的理学成为中国的正宗思想体系。

《四书集注》包括《大学章句》一卷，《中庸章句》一卷，《论语集注》十卷，《孟子集注》十四卷。朱熹认为《大学》是初学者入门之书，体现了儒家人身修养和治理国家的基本精神。《中庸》是孔子之孙子思传授孔子心法的文章，是儒家修养的原则。《论语》是理学思想的基础，《孟子》是理学义理的进一步发挥。《四书集注》的注文体现了朱熹的理学思想。

朱熹认为“理”是万事万物的最高原则，它无形无体，无法触摸，不依赖于任何事物而独立存在，无始无终，永恒不灭，无所不在。“理”不仅是宇宙的本原、万物的主宰，也是社会道德规范的源泉。一切道德原则、规定都是“理”在人世间的体现。

朱熹认为人性、物性均源于天理，因此具有共同性，但二者也有很大的差别，人具有物所不具备的意识能力，这个意识能力就是“心”。“心”无形无影，不是实有之物，但它能认识一切、分析一切。朱熹认为“人性”是天理在人心中的显现。在对“性”的性质的认识上，他认为只有张载的“天地之性”与“气质之性”学说才能把人性的问题说明白。朱熹在张载的基础上，进一步系统地阐述了这一观点。他认为“天地之性”是天理，它是天理在人心中纯然至善、无一丝杂质渗于其间的状态。“气质之性”是天理产生之后，由于理所居住的物体都是由气所聚合而成，而气又有清浊之分，所以不可避免地对天理有所遮蔽、侵蚀，因而产生了“气质之性”。朱熹认为“恶”在人身上的具体表现就是“人欲”，所以提出“穷天理，灭人欲”的主张，对后世产生了深远的影响。

朱熹对其之前的理学家思想进行了总结和改造，从他们的思想体系中吸取了大量的思想养料，又用佛道思辨哲学充实自己的体系，所以朱熹是理学的一个集大成者。他的思想代表了理学的典型和成熟形态，在当时和后世都产生了巨大的影响。

元朝仁宗元佑年间恢复科举考试，规定“四书”是国家考试的主要科目，并且以朱熹的注解为标准，从此《四书集注》成为读书人必读之书，也成为士子考取功名的标准参考书，对宋代以后的历史产生了深远的影响。中华书局刊印的新编诸子集成本《四书章句集注》较为流行。

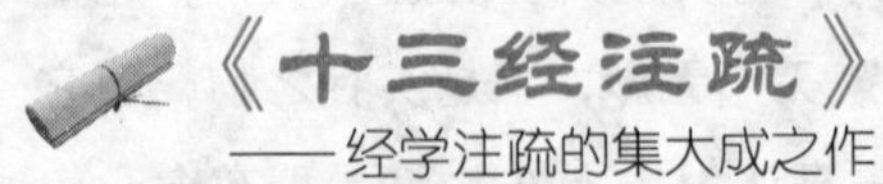

《十三经注疏》
——经学注疏的集大成之作

“十三经”是指先秦儒家十三部重要典籍，包括《周易》《尚书》《诗经》《周礼》《仪礼》《礼记》《春秋左传》《春秋公羊传》《春秋谷梁传》《论语》《孝经》《尔雅》《孟子》。

由于此十三部儒家经典的重要性，所以历代多有为其作注者。“注”是人们对经书字句的解释，也称为传、笺、解、章句等。随着历史的变迁，语言、文字也发生了变化，原来作为解释经文的“注”，其意义也变得不容易懂，于是人们对“注”再进行解释，此即是“疏”，也称为正义、疏义、义疏等。自从宋代确定十三经后，宋人把宋代以前人们对十三部经典所作的注解进行汇集，此便是《十三经注疏》。此后，《十三经注疏》成为人们公认的权威注本，是经学注疏的集大成之作。具体包括《周易正义》十卷，魏王弼、晋韩康伯注，唐代孔颖达疏；《尚书正义》二十卷，汉孔安国传，唐孔颖达疏；《毛诗正义》七十卷，汉毛亨传，汉郑玄笺，唐孔颖达疏；《礼记正义》六十三卷，汉郑玄注，唐孔颖达疏；《左传正义》六十卷，晋杜预集解，唐孔颖达疏；《周礼正义》四十二卷，汉卷玄注，唐贾公彦疏；《仪礼正义》五十卷，汉郑玄注，唐贾公彦疏；《公羊传注疏》二十八卷，汉何休解诂，徐彦疏；《谷梁传注疏》二十卷，晋范宁集解，唐杨士勋疏；《孝经注疏》九卷，唐玄宗李隆基注，宋邢昺疏；《论语注疏》二十卷，魏何晏集解，宋邢昺疏；《尔雅注疏》十卷，晋郭璞注，宋邢昺疏；《孟子正义》十四卷，汉赵歧注，宋孙奭疏。《十三经注疏》共四百一十六卷，南宋以前，十三经经文和注疏是分别单行刊刻的，南宋绍熙年间开始有合刊本，《十三经注疏》版本较多，以清代大经学家阮元刻附校勘记本为善。

十三经的内容包括文、史、哲各个方面，主要反映的是儒家的学术观点。由于儒学自汉代以后一直居于官方哲学的地位，所以十三经对中国传统文化产生了巨大的影响，其所表达的思想深深植根于人们的思想观念中。

中华书局、上海古籍等多家出版社都曾刊印过《十三经注疏》，北京大学出版社出版的整理本《十三经注疏》阅读方便，较适合于普及、初学。

延伸阅读

1. 俞樾：《群经平议》，上海古籍出版社，1996 年。

2. 周予同：《群经概论》，中国书籍出版社，2006 年。

3. 皮锡瑞：《经学历史》，中华书局，2004 年。

4. 卫聚贤：《十三经概论》，开明书店，1935 年。

5. 蒋伯潜：《十三经概论》，上海古籍出版社，1983 年。

6. 夏传才：《十三经概论》，天津人民出版社，1998 年。

7. 白玉林、党怀兴主编：《十三经导读》，中国社会科学出版社，2006 年。

8. 董治安：《经部要籍概述》，江苏教育出版社，2008 年。

9. 张岱年主编：《中国思想文化典籍导引》，中共中央党校出版社，1994 年。

史学典籍

中国历史悠久，史学非常发达。大致自国家产生之日起，就有专人负责记录和整理档案资料；至迟到殷商时代，就已经正式设置了史官，后代自觉相沿不废，秦汉以来，尽管史官名称屡有变化，但记录历史、整理史料、修撰史书之事从未间断。北魏末年，设置修史局，开大臣监修国史之例；北齐始设史馆，宰相监修，但未成定制；唐朝太宗李世民时，确立国家设立史馆、由宰相担任监修，编修前代史的制度，此后历各代直至中华民国，史馆之设再未中断。史馆主持编修了大量史书，官方史学甚为发达。与此同时，私人撰史自春秋战国以来逐渐兴起，两汉以来蔚然成风，依靠史官和民间文士的各种记录及亲身调查、采集搜求，史官及史家编撰了数量巨大的史学典籍。大批史学典籍的产生和流传、保存，自成体系，成为中国历史系列完整的基本载体，在中国传统文化典籍中占有非常重要的地位。

中国历史悠久，史学非常发达。大致自国家产生之日起，就有专人负责记录和整理档案资料；至迟到殷商时代，就已经正式设置了史官，后代自觉相沿不废，秦汉以来，尽管史官名称屡有变化，但记录历史、整理史料、修撰史书之事从未间断。北魏末年，设置修史局，开大臣监修国史之例；北齐始设史馆，宰相监修，但未成定制；唐朝太宗李世民时，确立国家设立史馆、由宰相担任监修，编修前代史的制度，此后历各代直至中华民国，史馆之设再未中断。史馆主持编修了大量史书，官方史学甚为发达。与此同时，私人撰史自春秋战国以来逐渐兴起，两汉以来蔚然成风，依靠史官和民间文士的各种记录及亲身调查、采集搜求，史官及史家编撰了数量巨大的史学典籍。大批史学典籍的产生和流传、保存，自成体系，成为中国历史系列完整的基本载体，在中国传统文化典籍中占有非常重要的地位。

在中国传统的经、史、子、集四部分类法中，史部次于经部位居第二；在《四库全书总目提要》中，史部下分正史、编年、纪事本末、别史、杂史、诏令奏议、传记、史钞、载记、时令、地理、职官、政书、目录、史评15个大类。而在中国古代的多种史体中，以纪传体、编年体、纪事本末体、政书体四种最为知名，影响最大。为数众多的史家、数量巨大的史籍、丰富多样的史体，构成异常发达的中国传统史学，全方位、多角度记录和展示了古代中国的社会历史，成为研究中国古代社会历史的基本资料。

《国语》——我国最早的国别史著作

《国语》也称《春秋外传》《左氏外传》，是我国最早的国别史著作，因分国纪事、重在记言（言为言语、言论之意），故名《国语》。记事时间上起周穆王征伐犬戎（前967）、下至韩赵魏三家分晋（前453），500年余。全书21卷，7万余字，纪春秋八国事，依次为《周语》3卷、《鲁语》2卷、《齐语》1卷、《晋语》9卷、《郑语》1卷、《楚语》2卷、《吴语》1卷、《越语》2卷，以《晋语》内容最多；记各国史事，大致以时间顺序编排；除《周语》《郑语》涉及西周史事外，其余均为春秋时期各国史实。《国语》与《尚书》性质较为接近，记事时间下限同于《左传》。

关于《国语》的作者，《史记》曾曰“左丘失明，厥有国语”，但现代作者多倾向于认为该书非一人一时所作，加之所记八国事详略不尽相同，写法也不相同，很可能是有人在当时各国史官所记基础上进行整理、加工、润色而成，至于最后定稿者为谁，也不得而知。大致成书于战国初年，但《越语》内容也有战国中后期者。

《国语》重在记言，往往通过一些历史人物的言论、对话及相互驳难的论战来反映历史事件，所记各国史事是重点记述若干事件，以致材料比较零散，只能反映春秋时代历史的某些方面。而《左传》重在记事，较全面地反映了春秋时期历史。与《左传》相比，《国语》也记录有一些新的资料，如在记晋国史事方面，《国语》要比《左传》更为详尽，因此《国语》中晋语的史料价值相对较高。《国语》的史料价值以《周语》《楚语》为最高，《晋语》《郑语》《鲁语》次之。《国语》与《左传》的资料可以互相补充，两书同样成为研究春秋时代历史的重要资料。

《国语》在历史编纂学上首创了以分国为单位记述历史的国别体体裁，清人所编《四库全书》将其列为史部杂史类之首。后来的《战国策》《华阳国志》《十六国春秋》均仿其体例编纂，刘知几在《史通》中将《国语》《尚书》《春秋》《左传》《史记》《汉书》并列为“六家”，称为国语体。

现存《国语》的版本，有两种不同系统的北宋刻本流传下来：明道本和公序本。明道本系北宋仁宗明道二年（1033）刊刻，清嘉庆时黄丕烈士礼居翻刻过明道本，后来

《四部备要》予以排印；公序本为宋庠（字公序）的注本，《四部丛刊》影印的是明代翻刻的公序本。为《国语》作注者，现存最早的是三国吴人韦昭《国语集解》；清人洪亮吉《国语韦昭注注疏》；近代人徐元诰《国语集解》集清人整理研究《国语》的成果，用力颇勤，精深详备，创获较多，有1936年中华书局版民国聚珍仿宋本。现在通行易见的是1978年上海古籍出版社点校本，2册，以《四部备要》本为底本，参校《四部丛刊》本，广泛吸收前人校勘成果，整理点校而成，书末附有《国语人名索引》。

《战国策》

——战国时期纵横家游说言辞的分国汇编

《战国策》简称《国策》，是战国时期纵横家游说言辞的分国汇编，形式上也是记言之书。全书分国编排，记事时间从公元前453年韩赵魏三家分晋到公元前209年秦二世继位，内容主要是当时号称纵横家的谋臣、策士游说各国及相互辩论时所提出的政治主张和斗争策略，记载了各诸侯国的政治、军事、外交等情况，尤其是士阶层的活动，反映了当时各个国家、阶级之间复杂的关系和矛盾斗争，文字生动流畅，是研究战国时期历史的重要资料。

战国后期到西汉，游说之风盛行，有人集合相关资料编成多种形式的书策，名称有《国策》《国事》《事语》《短长》《长书》等多种，供游士揣摩学习之用。西汉后期，刘向整理中秘所藏，按战国时秦、齐、楚、赵等12国次序，删去重复，编订为33篇；计有西周和东周各1篇，秦5篇，齐6篇，楚、赵和魏各4篇，韩和燕各3篇，宋和卫合1篇，中山1篇，共12国33篇（也作33卷）；每篇包括若干章，全书共计490章；刘向"以为战国时游士辅所用之国为之策谋，宜为《战国策》"，才取名为《战国策》。一般认为《战国策》所收各篇内容原系采自各国史官和策士辑录，来源较为复杂，作者难以辑考。

《战国策》对后世影响较大，《史记》与《资治通鉴》记公元前453年到公元前209年间事多从此书取材，王应麟《汉书考证》载《史记》采自《战国策》有八九十事，如《史记·刺客列传》中的豫让、聂政、荆轲等传几乎全部采自《战国策》的原文。但《战国策》记录的重点是策士的说辞，只能反映战国时期历史的某些方面；所记的内容有失实的地方，尤其是对游说之士的作用作了不适当的夸大，有些甚至是虚构，使用时应予以辨别。

东汉时，高诱为《战国策》作注。流传到北宋时，正文和注解均有散佚，曾巩作了校补，是为今本《战国策》，也是33篇。南宋时，在曾巩校补本的基础上，出现了姚宏的续注本和鲍彪重定序次的新注本。元代，吴师道在鲍彪注本基础上又作了补正，成书《战国策校注》。清代，黄丕烈以吴本为主，参校各本，成《战国策札记》。现在通行的上海古籍出版社1978年点校本，1985年第2版，3册，资料最全，错误较少，以黄丕烈刊刻的士礼居丛书本为底本，汇集姚宏、鲍彪、黄丕烈等各家注释点校而成，书末附有刘向《战国策书录》、曾巩《战国策序》等13篇文章；于鬯《战国策年表》以及《战国策人名索引》《战国策部分篇章通用篇名》《战国时代中原地区图》，1973年湖南长沙马王堆汉墓出土帛书（定名《战国纵横家书》）释文。

《史记》——我国第一部纪传体通史

《史记》原名《太史公书》，是我国第一部纪传体通史。作者司马迁，字子长，其生卒年代有多种说法，现在较为通行的是生于公元前145年，卒于公元前90年，生于西汉左冯翊夏阳（今陕西省韩城市）。其先辈世代为史官、天文家，父亲司马谈，西汉初任太史令，熟悉史事，懂天文地理。司马迁10岁时开始诵读古文，年少从大儒董仲舒学《公羊春秋》，从孔安国学习《尚书》，20岁时起到全国的许多地方游览过，后来还到不少地方出使，进行了许多实地调查，继承父职担任太史令后因便阅读过大量图书档案，读万卷书、行万里路的经历使他具备了写作《史记》的基本条件。作为史官，司马谈曾有写作春秋以来史事的打算，但是只写了一部分，公元前110年司马谈去世，去世前曾把自己的想法及部分书稿交给司马迁。公元前108年，司马迁担任太史令，计划完成父亲的遗愿，经过5年的资料准备，公元前104年开始写作，公元前98年横遭李陵之祸（因替兵败投降匈奴的大将李陵辩护惹怒了汉武帝，最终被免死处以腐刑），出狱后担任了中书令，坚持写作《史记》，公元前91年《史记》完成，大概之后没几年，司马迁就去世了。

《史记》记事从传说中的皇帝到汉武帝在位时期，将近3000年，52万字，130卷，包括本纪12卷、世家30卷、表10卷、书8卷、列传70卷。本纪记各代帝王，其实是以帝王在位为先后顺序的编年大事记；世家记各封国诸侯事；表包括大事年表和人物年表；书即后代的志（《汉书》该书为志，后代沿用），记分类的典章制度；列传记杰出人物，包括单传（一个人）、合传（两个及以上）和类传（一类人）。《太史公自序》为司马迁自传，叙述了自己的生活经历及写作《史记》的主旨、本末，“究天人之际，通古今之变，成一家之言”，《太史公自序》成为研究司马迁本人及《史记》编纂的重要资料。

《史记》材料丰富而翔实，司马迁写作《史记》取材于当时的档案文书、前代及当时人著述、亲身见闻和实地调查资料。因此所记大部分内容可以作为直接材料来用，尤其是《殷本纪》所记殷商世系与后来殷墟出土的甲骨文相互印证、

《楚世家》与传世铜器铭文相吻合，更证明了其记事具有较高的史料价值。加之文笔生动优美，鲁迅先生曾夸赞道“史家之绝唱，无韵之离骚”，也成为一部千古传诵的文学名著。

《史记》五体，除世家外，本纪、表、书（志）、列传为后世史书编纂所继承，遂使以本纪和列传为主体的史书编纂体例被称为纪传体，成为中国传统史体中影响最大者，后来被称为正史，《史记》因之成为纪传体史书的开创者；加之所记又是通贯三千年的史事，又成为纪传体通史的开山之作。从一定意义上可以说《史记》是中国最著名的史书。

《史记》记事止于汉武帝时，其后多有续补、添补者，刘知几《史通·古今正史》记曾有刘向、刘歆、扬雄等，以致出现流传的《史记》记载司马迁去世之后事情的情况；加之宋代之前以抄本流传，在流传过程中屡有出现错乱之处，如《汉书》曾说其时《史记》已比司马迁原稿缺少 10 篇。对《史记》注释、校勘、考订者以南朝宋裴骃《史记集解》（重在释义）、唐司马贞《史记索隐》（音、义并重）、唐张守节《史记正义》（长于地理考释），称为“三家注”，均单独流行。北宋始，才将三家注合为一编，并将三家注的注文分别置于《史记》正文之下，方便阅读，故而其后《史记》多以这种合本子注的形式流传。清人梁玉绳《史记志疑》36 卷，历时 19 年，采用本证法，考证《史记》所记自相矛盾处，功底深厚，成为清人研究《史记》的最高水平，已经列入《二十四史研究资料丛刊》，中华书局1981年点校出版。日本学者泷川资言（泷川龟太郎）《史记会注考证》，汇集84种清代学者、18种日本学者的研究成果，内容甚为丰富，成为《史记》研究的代表之作，文学古籍刊行社和北岳文艺出版社均出过影印本，上海古籍出版社出过排印本。

现存最早的刊本是南宋绍熙年间（1190—1195）建安黄善夫刊本，日本藏全本、国家图书馆藏69卷，民国时百衲本二十四史配补中日所藏，经张元济校勘、影印出版，较易见到。通行易见本是中华书局点校本，1959年出版，平装10册，以清代张文虎主持刊刻的金陵书局本为底本，此本是新中国成立初期国务院组织国内专家集中点校二十四史的第一部，顾颉刚等知名专家学者多人参加，分段标点，方便阅读、使用；后来也出过缩印合订本，精装1册。

《汉书》——我国第一部纪传体断代史

《汉书》亦称《前汉书》，是我国第一部纪传体断代史。作者班固（32—92），字孟坚，东汉扶风安陵（今陕西省咸阳市东）人。其父班彪，生平好著述，专心于史籍。司马迁之后，续修《史记》的有十余人，班彪不以为然，博采遗事异闻，撰成《后传》65篇，公元54年班彪去世，班固回到家乡，以续修《史记》、完成父亲遗愿为己任，竟然被人告发私改国史下狱，其弟班超亲赴洛阳为其伸冤，汉明帝阅览地方官进献的班固原稿后觉得他才能卓异，索性召其到洛阳担任兰台（汉朝皇家藏书的地方）令史，后来担任点校秘书，继续完成《汉书》的编撰。和帝时，班固随同外戚窦宪出击匈奴，成为其幕僚，后来窦宪失势自杀，班固受到牵连下狱，92 年死于狱中。班固死时，《汉书》的八表和天文志尚未完成，汉和帝命其妹班昭继续完成八表，又命班固的同郡人马续帮助班昭作成《天文志》。可见，后代通行的《汉书》是由班彪、班固、班昭、马续四人经过近 40 年才完成的。

《汉书》编纂体例因袭《史记》，内容续编《史记》。记事上起公元前 206 年，下迄公元 24 年，包括西汉及王莽新朝的历史。分为纪十二、表八、志十、传七十，共 100 卷（篇），由于后来流传的本子将某些卷又分作上下卷或上中下卷，以致现在流传的《汉书》为 120 卷。在体例上，将《史记》的“本纪”省称“纪”“列传”省称“传”；由于书名为《汉书》，改“书”为“志”；取消“世家”，将汉代勋臣包括王莽一律编入传。《汉书》全面而又系统地记载了西汉一代的史实，成为我国第一部纪传体断代史，“文赡而事详”，《史记》52 万字记 3000 年史事，而《汉书》80 万字记 230 年历史，其内容以汉武帝在位为分界，之前部分主要取材于《史记》，也有增删和改易，补充了《史记》记事的不足，补充的材料对研究秦王朝及先秦历史具有积极的学术价值；之后部分系班固等四人在广泛搜集资料的基础上，包括利用多种续《史记》的著作编纂而成，故而史料价值相对更高。就《汉书》各体内容而言，《百官公卿表》实系志（典章制度），介绍了秦汉的官制，因“二千年制是秦制”，而有“汉承秦制”，因此对研究官制史价值较大。《艺文志》缩编刘歆《七略》而成，而《七略》后来已经亡佚，可以称《汉志》（《汉书·艺文志》简称）为现存最早的目录学专著，保存了西汉及其以前的著述名目，由此可以窥见东汉之前的学术史及图书流传状况，具有较高的文献、学术价值。《叙传》置于书尾，叙述班固家世、生平及编撰本书的缘由、各篇主旨，成为研究班固家世、本人及《汉书》编纂的重要资料。刑法、五行、地理、艺文诸志为新增设，为其后各代编修史书所沿袭。

《汉书》问世以来，由于对最高统治者及其统治作了一定的合理阐释，故而流传经久不衰；但班固喜用古字，较难阅读。之后注释者甚多，唐以前就有20余家。唐初颜师古为该书注释，集合汉魏以来各家注释之长及自己心得，写成古代最详之注，成为现存流传最广的注本，并分《汉书》为120卷。唐代以后研究《汉书》的成果，其精华大致为清末王先谦《汉书补注》吸收，征引有关著作60余种，成为颜注之后的集大成者。通行易见本为中华书局1962年点校本，平装12册，以王先谦《汉书补注》为底本，参照其他较好版本，吸收颜注并纠正其错误，便于阅读使用；后来也出过缩印合订本，精装1册。

《三国志》

——一部记述魏、蜀、吴三国的纪传体国别史

《三国志》是一部记述魏、蜀、吴三国的纪传体国别史，西晋初年陈寿撰。陈寿（233—297），字承祚，巴西郡安汉县（今四川省南充市东北）人，一生经历蜀汉和西晋时间大致相当，年少好学，曾师从史学名家谯周学习，深得谯周欣赏，擅长文学和历史，仕蜀汉官至观阁令史，但未受重用；入西晋由张华推荐，任佐著作郎，因编辑《蜀相诸葛亮集》为晋武帝赏识，被任命为著作郎，负责撰修魏、蜀、吴三国历史的史书《三国志》。陈寿撰写《三国志》前，写曹魏历史已有王沈《魏书》48卷和鱼豢《魏略》89卷，孙吴历史已有韦昭《吴书》55卷，此三书成为陈寿写作《三国志》之《魏书》《吴书》的主要依据；而蜀国尚无现成史书可资参考，不过他曾在蜀国生活了30余年，又受过蜀国史学名家谯周直接影响，于是收集蜀国资料，单独写成《蜀书》，不过由于蜀国史料较少，《蜀书》在《三国志》中分量最少。

《三国志》包括《魏书》30卷、《吴书》20卷和《蜀

书》15 卷，共计 65 卷。就内容的比例而言，《魏书》《吴书》和《蜀书》分别占全书的 1/2、1/3、1/6。名义是写魏蜀吴三国的历史，实际上记事上起东汉末年的黄巾起义(184)，下至吴亡西晋完成统一的 280 年，将近百年的历史。编撰体例仅有帝纪（本纪）和列传两种，无志和表，属于纪传体，加上记魏蜀吴三国事，为纪传体国别史（或分国史）。由于陈寿身处西晋，所撰《三国志》也是受晋廷的委任，而西晋系继承曹魏而来，所以《三国志》以曹魏为正统，记述曹魏诸帝为“纪”，记述吴、蜀诸帝为“传”，遇魏蜀吴三国间斗争则倾向于曹魏，写司马氏夺曹魏之权时则为司马氏“隐恶溢美”，为后人诟病，其实陈寿在当时也有难言之隐。

《三国志》引文精炼，叙事简约，史实准确，取材严谨，问世后受到较多好评，有“良史”之称，后来《三国志》与《史记》《汉书》《后汉书》并称“前四史”，长期受到人们的赞誉。陈寿《三国志》也存在内容过于简略的缺点。南朝宋时，宋文帝以该书“载事伤于简略，乃命中书郎裴松之兼采众书，补注其阙”。裴松之（372—451)，河东郡闻喜县（今山西省闻喜县）人，博览群书，学识渊深。他接受任务后，“鸠集传记，增广异文”，“务在周悉”，历时三年，完成《三国志注》并上报宋文帝。裴松之注并非仅是音义注释，主要是增补大量史料，增补的内容是原书的 3 倍，大致可以概括为补阙、纠缪、存异三个方面。裴注引书多达 200 余种，这些书到宋代以后就十不存一了，在保存史料方面价值犹大，成为研究三国历史的珍贵资料。后来裴注与陈寿《三国志》原文合在一起刊行流传，成为这部史学名著密不可分的重要组成部分。

陈寿《三国志》中，《魏书》《吴书》和《蜀书》均各自为书，并未合于一体。北宋最先刊刻《三国志》时，尽管三书合刻在一起，但仍是分别发刻，不过自此以后的刻本，大致都是合三书于一体。裴松之《三国志注》问世后，其后都是裴注《三国志》流传而非陈寿原文。清代朴学盛行，对裴松之《三国志注》校勘、增补、研究成果甚多。校勘代表作如赵一清《三国志注补》，长于地理沿革；梁章钜《三国志旁证》，属于集解性质。民国卢弼撰《三国志集解》，集前代研究之大成，经过考证别择，成为最为详尽的注本。补志、补表多收入《二十五史补编》第二、三册中。

现在通行易见的是中华书局1959年出版的点校本《三国志》，平装5册，以传世较有代表性的四种版本相互勘对，择善而从，合陈寿原文及裴注于一体，便于阅读使用；后来也出过缩印合订本，精装1册。

《资治通鉴》——最杰出的编年体通史

《资治通鉴》是我国古代最杰出的编年体通史，与《史记》齐名，是最具代表性的史学名著之一。主编司马光（1019—1086），字君实，陕州夏县（今山西省夏县）人，北宋著名的政治家和史学家，人称涑水先生、司马温公。司马光历经北宋仁宗、英宗、神宗、哲宗四个朝代，仁宗宝元元年（1038）进士，此后从地方官到京官，官至尚书左仆射兼门下侍郎。司马光好史学，鉴于以往史书文字繁多，不利于阅读，编了《历年图》5 卷，以编年形式将历代的治乱兴衰写成大事年表，简明清晰，治平元年（1064）将《历年图》进呈宋英宗。然后他又用了两年多时间仿《左传》体裁，写出战国至秦历史的《通志》8 卷，再呈英宗，得到赞赏。治平三年英宗命司马光设书局，允许借阅馆阁藏书、选助手，由司马光主持续修此书，原定名《历代君臣事迹》。治平四年神宗即位，诏进此书，认为此书“鉴于往事，有资于治道”，赐名《资治通鉴》，并为之作序。熙宁初，宋神宗任用王安石为宰相，推行新法，司马光因与王安石政见不合，主动要求外任，此后十余年间，司马光与他的合作者们专心修史，1071 年后一直居于洛阳，终于在元丰七年（1084）完成此书。元祐元年（1086），神宗去世，哲宗即位，在太皇太后高氏支持下，司马光应召入主国政，任尚书左仆射，兼门下侍郎，尽废新法，恢复旧制，史称“元祐更化”，但是居相位仅8个月就去世了，距《资治通鉴》成书只过了两年时间。司马光一生著述很多，约有20余种，500多卷，除《资治通鉴》外，知名者还有《司马温公文集》《稽古录》等。

《资治通鉴》由5人分工合作完成。协助者刘颁、刘恕、范祖禹先分段搜集资料，以时间顺序编成较为详备的丛目；然后依据丛目有所择取撰写长编，即断代史初稿；最后由主编司马光全面统稿，润色文字，斟酌取舍，校订史实，完成定稿。司马光之子司马康负责检阅文字。刘恕（1032—1078），筠州高安（今江西省高安市）人，18岁举进士，专精史学，治学严谨，为人正直，负责编写魏晋至隋的长编和五代十国长编的大部分，共约145卷，几乎占到全书的一半，所写内容考证极为精详，司马光敬重其史学才识，编写过程中凡遇到内容纷杂错乱疑难之类问题，司马光多交给他处理解决；刘恕在去世前两年里，偏瘫在床，口授其子，写成了《通鉴外纪》10卷，记事从伏羲至周威烈王二十三年，与《资治通鉴》衔接。他还想为《资治通鉴》补成后纪，但未如愿就逝世了，7年后《资治通鉴》才最后完成。刘颁（1023—1089），临江新喻（今江西省新余市）人，24岁举进士，广闻博见，擅长史学，在书局约5年时间，负责汉史长编；除《资治通鉴》，他还参与了当时官修《魏书》《北齐书》的校勘；另著有《东汉刊误》《〈后汉书〉精要》《五代春秋》《内传国语》《经史新义》《汉官仪》等书。范祖禹（1041—1098），成都华阳人，23 岁举进士，在书局 15 年，负责撰写的唐史长编，史料最为繁多，后来又接替刘恕完成了五代史长编；《资治通鉴》完成后，再和司马康重新校定全书。范祖禹在编修《资治通鉴》唐史部分的过程中，又撰写了《唐鉴》12 卷，与《资治通鉴》用意略同，但风格不同，叙事简略，多发议论；还著有《帝学》8 卷、《仁皇政典》6 卷和《范太史集》55 卷。《资治通鉴》从正式设局编写到最后完成，历时 19 年，凝聚了司马光等几位史学名家毕生的心力。

《资治通鉴》共 294 卷，包括周纪 5 卷、秦纪 3 卷、汉纪 60 卷、魏纪 10 卷、晋纪 40 卷、宋纪 16 卷、齐纪 10 卷、梁纪 22 卷、陈纪 10 卷、隋纪 8 卷、唐纪 81 卷、后梁纪 6 卷、后唐纪 8 卷、后晋纪 8 卷、后汉纪 4 卷、后周纪 5 卷。司马光在编修的同时，又写成《通鉴考异》《通鉴目录》各 30 卷，总共 354 卷。《资治通鉴》接续《左传》，大致从战国一直写到五代，叙事上起周威烈王二十三年（公元前 403 年），下迄后周世宗显德六年（959）共计 1362 年，是《史记》以后所记年代最长的一部通史。内容以记述政治事件、军事活动为主，也记载了一些重要人物及其言论，主要涉及与治乱兴衰相关的经济制度、礼乐兵刑、民族往来、社会风习、人

口增减、典籍聚散、历法修删、水利兴修等方面。总体以述事论人为主，兼及制度、经济、文化、地理、民族，但后者记载内容相对较少。记述史事、人物时，盛衰、优劣兼具，目的在于为治国者提供历史借鉴和经验教训。《资治通鉴》主要模仿《左传》体例，以事系年，按年、月、日的顺序记叙，同时适当吸收纪传体的长处，详写一些事件和人物，文字简洁严谨，一贯到底。《资治通鉴》编撰风格严谨求实，史料翔实，详略得宜，考证谨严；既引前人评说，也以“臣光曰”表明自己的历史观点和政治见解。《资治通鉴》尽管成于众手，但由于分工明确、通力合作，加上参编三位均有史学专长，主编兼通文史，全力统稿，致使全书结构完整，体例严谨，始终连贯，不仅是叙事翔实的史学著作，而且成为文字质朴优美、生动传神的文学佳作。司马光在编撰《资治通鉴》的过程中，对有所分歧的材料进行过考辨择取，考证精详，选择自己认同者放于正文之中，书成后，对其他异说材料另行编纂，成书《通鉴考异》30 卷，旁征博引，鉴别异说，适当存疑，表现出较科学的治学态度，成为史考名著，成为宋人微观研究的代表之作。据统计，《通鉴考异》所参据的史料除《史记》至《新五代史》19 种正史外，还包括杂史、奏议、实录、笔记、文集、碑志等，至少在 300 种以上。司马光在《资治通鉴进书表》中也说过：“遍阅旧史，旁系小说，简牍盈积，浩如烟海。”尤其是《资治通鉴》的唐五代内容，依据的材料与后来编修新旧《唐书》、新旧《五代史》基本相同，只是取舍略有不同，而所用的资料后来基本亡佚，因而唐五代部分史料价值最高，《资治通鉴》成为研究唐五代历史的最基本资料；其余部分由于所依据的资料后代大部分流传至今，因而史料价值不高。

《资治通鉴》问世后，影响巨大，编年体史书经过多年沉寂后重新得以复兴，南宋就出现“通鉴热”，对其接续、模仿、研究之作不断出现，还因之形成纪事本末体、纲目体两种史体，以致研究《资治通鉴》后来成为一门专门学问——“通鉴学”。续编《资治通鉴》的专书南宋有李焘《续资治通鉴长编》（记北宋9帝事）、李心传《建炎以来系年要录》（记宋高宗一朝36年事）；宋代之后有元金履祥《资治通鉴前编》，明严衍《资治通鉴补》、王宗沐《宋元资治通鉴》、薛应旂《宋元资治通鉴》，清徐乾学《资治通鉴后编》、毕沅《续资治通鉴》，其中毕沅《续资治通鉴》名气最大。研究著作有南宋王应麟《通鉴地理通释》14卷，考证古代地理；模仿《通鉴考异》的考辨之风蔚然而兴，出现了一批史考著作。注释《资治通鉴》者有南宋初年成书的《通鉴释文》，蜀人史炤撰，为《通鉴》音释；而宋末元初人胡三省《资治通鉴注》最为著名，胡三省（1230—1302），台州宁海（今浙江省宁海）人，理宗宝祐四年（1256）进士，宋亡前就已完成《资治通鉴注》，但经历兵乱初稿丢失，宋亡后隐居山中不仕，复购他本，再注《资治通鉴》，前后历时30年之久，1285年终于撰成《资治通鉴注》294卷，周密详明，将《考异》散入注文中，便于阅读利用，对《通鉴》的名物、制度、地理、天文历法、史实异同、少数民族、外国情况均进行注释，并纠正《通鉴》存在的错误，指出《通鉴》行文的某些不妥之处，对阅读《通鉴》有很大帮助。抗日战争晚期陈垣撰《通鉴胡注表微》，对胡注进行了充分的阐述。明末严衍撰《通鉴补》，列举《通鉴》中存在的问题，多言之有理。

《资治通鉴》传世的宋元版本有多种，《四部丛刊》影印的是南宋建阳刊本，百衲本为宋本配补。现在通行易见的是中华书局1956年出版的点校本，以清胡克家翻刻的元刊胡注本为底本，广泛吸收后人的校勘成果，平装20册，精装10册，并将《考异》分附于相应的正文之下，名家点校，最方便阅读使用。

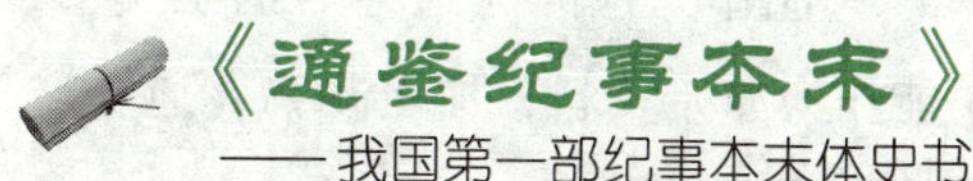

《通鉴纪事本末》

——我国第一部纪事本末体史书

《通鉴纪事本末》，南宋袁枢撰，我国第一部纪事本末体史书。袁枢（1131—1205），字机仲，南宋建宁府建安县（今福建省建瓯）人，孝宗隆兴元年（1164）中进士，历官严州教授、太府丞兼国史馆编修官、工部侍郎兼国子祭酒、知江陵府。袁枢在严州教授任上，喜欢诵读《资治通鉴》，但苦其浩博。由于《资治通鉴》依照时间顺序排列事件，以致事件较为分散，为了解决阅读《资治通鉴》的困难，袁枢在多次阅读非常熟悉该书的前提下，把《通鉴》分散的事件集中起来。他以事件为中心，仍按《通鉴》原先年次排列，抄录原文和司马光的评论，并给它标上一个题目，并未增加新材料。大约用了2年时间，编成《通鉴纪事本末》一书。

《通鉴纪事本末》改编《资治通鉴》而成，依据《通鉴》记事断限，将1362年间的重要史事，以《通鉴》原先的年代顺序，归纳为239个题目，另附66事，总共305件大小事情，将《通鉴》中同一史事的有关资料汇编于同一题目之下，始于“三家分晋”，终于“世宗征淮南”，共42卷。《通鉴纪事本末》所列的事件标题，都用一个动词，如“平”“据”“灭”“叛”“乱”“篡”“寇”“伐”“逆”“讨”等等，反映了袁枢的政治倾向和褒贬态度。由于没有增加新的材料，《通鉴纪事本末》只能作为检阅《通鉴》的工具书，或一般性阅读使用，不能作为原始资料；加之改编《通鉴》，故而所述绝大部分是政治和军事事件。

《通鉴纪事本末》创立了纪事本末体这种史书编撰体例，以事件为中心，各详起讫，便于了解事件的完整过程。既避免了编年体中一事隔越数卷、首尾难找的不足，也避免了纪传体一事重复数篇、主次莫辨的缺点。纪事本末体成为与编年体、纪传体并列的独立史体，成为传统史学的三大史体之一。其后模仿者有十余种，最著名的有南宋杨仲良《续资治通鉴长编纪事本末》、清谷应泰《明史纪事本末》，这两种具有史料价值，其余的纪事本末体史书均不能作为史料来利用。

《通鉴纪事本末》有两种南宋刻本传世，严州小字本和湖州大字本，《四部丛刊》影印的是大字本。现在通行易见的是中华书局 1964 年出版的点校本，以大字本为底本，参照了小字本，平装 12 册。

《通鉴纲目》——我国最早的纲目体史书

《通鉴纲目》是我国最早的纲目体史书，南宋朱熹编撰。朱熹认为《资治通鉴》记事太详，书法不完备，观点不够明确，于是从《资治通鉴》中节取事实，仿《春秋》列纲，仿《左传》列目，编成《资治通鉴纲目》59 卷，《序例》1 卷，成书于 1172 年，纲为朱熹手定，目为其门人赵师渊所作，叙事依照《通鉴》的时间顺序，先标提纲，以大字书之，再用小字分注，叙其细节，“纲举而不烦，目张而不紊”，阅读起来内容简要、醒目。《通鉴纲目》专重书法，意在褒贬，突出了正统观念，凡原作中与他思想不合之处一律删削，相合之处则大加发挥，观点鲜明，符合最高统治阶级的利益。《通鉴纲目》一出，内容简明，加上朱熹名气大，即刻流行开来，宋明以来，许多人丢弃《通鉴》而直接读《通鉴纲目》。《通鉴纲目》的问世，被人们公认为一种新史体——纲目体产生。

《通鉴纲目》在后世影响也不小，宋明以来，编成《通鉴纲目发明》《通鉴纲目书法》等书，《通鉴纲目》有所神秘化。清朝康熙时，编成《御批通鉴纲目》；乾隆时，又编成《御批历代通鉴辑览》，充斥了清代帝王如何统治人民的思想。此外，还有明代商辂奉敕撰《续资治通鉴纲目》、南轩《续资治通鉴纲目前编》，清初吴乘权《纲鉴易知录》等多种。其中以《纲鉴易知录》《御批历代通鉴辑览》最为有名，流传较广，但这类书便于初学者入门时阅读，了解一般性历史知识，没有史料价值。

常见版本有中华书局《四部备要》影印本。

《通典》

——我国第一部论述历代典章制度的史书

《通典》是我国第一部论述历代典章制度的史书，唐杜佑撰。杜佑（735—812），字君卿，京兆万年（今陕西西安）人，中唐著名的政治家和史学家。出身于官宦世家，18岁时以荫入仕，历经玄宗、肃宗、代宗、德宗、顺宗、宪宗六朝，803年入相，元和初封岐国公。所著除《通典》外，还有《理财要诀》10卷、《管氏指略》2卷、《宾佐记》1卷。

开元末，刘知几之子刘秩采经史百家之言，仿《周礼》六官分职，撰成《政典》35 卷，记历代典制沿革置废，议论得失，为时贤所称。杜佑见到此书，认为条目未详备，于是以《政典》为蓝本，参以《大唐开元礼》《乐书》等书扩充成《通典》200 卷，修撰时间大约从代宗大历（766—779）初直到贞元十七年（801），历时 36 年。书成献上，德宗嘉奖，命藏书府。

《通典》专记历代政治、经济制度沿革变迁，记事上起传说中的黄帝，下至唐玄宗天宝末年，而食货部分述及唐肃宗、代宗、德宗时的情况。共分九门，包括食货 12 卷、选举 6 卷、职官 22 卷、礼 100 卷、乐 7 卷、兵 15 卷、刑 8 卷、州郡 14 卷、边防 16 卷。九门各有子目，每门前有总序，子目以朝代先后为序，择要著录有关制度的历代大事、诏令奏议等，同时编入前人的相关议论及杜佑自己的评说；各类中常有小注，既解释文义，也补充及考订材料。其材料来源，唐以前部分主要是依据各史的“志”、魏晋以后的文集和其他资料；唐代，取自实录、国史及政府档案等，内容最为丰富；参考征引书籍资料达 200 余种。杜佑编撰《通典》主要目的在于通过历代经济、政治制度变迁来总结统治的经验教训，为当时的政治服务，自言“所撰通典，实采群言，征诸人事，将施有政”，因而记唐代内容最多，且成书在《唐会要》和《旧唐书》之前，成为研究唐代典制的第一等资料。他多年担任理财官，长期在地方任职，比较关注国家和民众的经济生活，因而把食货置于书首，“夫理道之先，在乎行教化，教化之本，在乎足衣食”；自己出身关中大族，受到六朝、隋唐重礼的社会风气影响，因而《通典》中礼的内容占到一半。

《通典》是我国第一部记载历代典制的通史，综合纪传体史书中的志（书）及其他史籍中的典制材料加以叙述、评论，它的问世标志着一种新的史体——政书体（典制体）形成，有政书体史书奠基、开创之功，《通典》之后模仿之作组成著名的“十通”（《通典》《通志》《文献通考》《续通典》《续通志》《续文献通考》《清朝通典》《清朝通志》《清朝文献通考》《清朝续文献通考》），后代也出现会要、会典，成为中国史籍中的一个系列。《通典》成书于中唐，编撰时所利用的资料多半亡佚，况且使用的资料年代较早，因而具有较高的史料价值，同时具有一定的文献校勘价值；成为研究唐代前期典制的一手资料，记述唐代以前的制度，尽管较为简略，但也有资料价值。

北宋出现《通典》的刊本，但流传下来的多为明清刻本。清乾隆年间武英殿刻“九通”本；民国时上海商务印书馆万有文库二集缩印殿本成“十通”合刊本，精装影印，连《十通索引》共21册，第一册即为《通典》；1984年中华书局影印万有文库本，较易找到；1988年中华书局出版王文锦、王永兴、刘俊文等 5 人点校本，精装 5 册，32 开，成为目前最方便使用的版本。2008 年上海人民出版社影印出版日本藏北宋版《通典》，精装 9 册，16 开，成为今后研究、利用《通典》最为权威的版本。

《通志》
——一部后代多归入政书体的纪传体通史

《通志》本是一部纪传体通史，南宋郑樵撰。郑樵（1104—1162），字渔仲，兴化军莆田（今福建省莆田）人，出身于官宦世家，家里富有藏书，前半生未能入仕，谢绝人事，居夹漈山中，闭门读书著述，涉猎面较广，或游览名山大川，“好著书，不为文章，自负不下刘向、扬雄”。1149 年，将自己所著的经旨、礼乐、文字、天文、地理、草木虫鱼、方书等 31 种书进献宋高宗，获得“诏藏秘府”。之后着手编撰《通志》。1157 年，经人推荐被高宗召见，授以右迪功郎、礼兵部架阁等职，后为御史弹劾，改监潭州南岳庙，朝廷供给纸笔抄录所著《通志》。书成，改授枢密院编修官兼摄检校详诸房文字，但郑樵终身未任高官显职。1162 年高宗幸建康，命郑樵进《通志》，方知他已于前一年冬季去世。郑樵学识渊博，著述宏丰，自己称“山林三十年，著书千卷”。现在可以考知所著书达 57 种（另说达 84 种之多），包括史类 18 种、经类 13 种、礼类 5 种、乐类 1 种、小学类 9

种、诸子类1种、天文类3种、医方类6种、文类1种。至于《通志》的编撰始于何年，没有明确记载，大致完成于1161年。它本是一部汇总之书，前述进献高宗的31种书，都是编撰《通志》的材料。他曾说“三十年著书，十年搜仿图书”，一般认为郑樵编撰《通志》至少用了30年时间。所著现存者除《通志》外，尚有《夹漈遗稿》《尔雅注》等。《宋史》卷436《儒林》有传。

郑樵在史学方面提出广博和会通，主张通史，反对断代，推崇孔子《春秋》和司马迁《史记》，贬低班固《汉书》。其所编撰《通志》200卷，是一部纪、传、谱（表）、略（志）、世家、载记俱全的通史，内容所述的时间不大一致，大致从上古到隋唐。其中本纪18卷，自三皇到隋；列传108卷，自周到隋，而《后妃传》则自汉到隋；二十略52卷，自传说时代到唐、北宋；世家3卷；载记8卷；四夷传7卷；年谱4卷。内容包罗广泛，但《通志》的纪传系取自旧史，大量删削，连缀成书，未有新内容，实际上除了略有文献校勘价值以外再无多大用处。

《通志》的成就主要在于二十略，其实正是纪传体史书的志，他自已也自负甚高。“其五略，虽本前人之典，亦非诸史之文也；其十五略，汉、唐诸儒所不得而闻也。”二十略包括氏族、六书、七音、天文、地理、都邑、礼、谥、器服、乐、职官、选举、刑法、食货、艺文、校雠、图谱、金石、灾祥、昆虫草木。其中六书、七音、校雠、图谱、金石五略为其独创，其余均沿用旧名，另说加上都邑、氏族、谥、昆虫草木成九略为其独创。其实二十略的内容多出于《通典》和各史之志，最有价值者在于《氏族略》区分32类姓氏的由来；《艺文略》区分图书为12类，著录了所知之书；《校雠略》论整理和著录图书之法；《图谱略》指出图表的重要性；《金石略》著录了历代的钟鼎碑刻，说明直接史料的珍贵；《灾祥略》驳斥五行灾异之说；《六书略》《七音略》能启示后世研究文字学的门径；《昆虫草木略》传授草木鸟兽学之知识。其余各略价值不高，可见郑樵对二十略的说法有所夸张。郑樵数十年搜求资料、读书著述，知识面极为广博，但其凭借一己之力，所见毕竟有限；加上涉猎面宽泛，著述宏富，必深度不够。《宋史》本传说他"成书虽多，大抵博学而寡要"。尽管如此，《通志》因二十略用力较深，内容丰富，发凡起例，颇有见解，成就相对较大，后代一般认为《通志》与《通典》《文献通考》并称（前）"三通"。但其二十略的价值不及《通典》与《文献通考》。

现存《通志》最早版本为元刻本，明清两代版本较多，清武英殿本较为流行。通行本是民国时商务印书馆万有文库缩印合刊的《十通》本，其中《通志》精装3册。"二十略"宋元两代多以抄本流传，明清两代刻本较多，现在通行易见的是中华书局1995年出版的点校本，32开，精装2册，书名《通志二十略》。

《文献通考》
——一部论述上古至南宋中期各代典章制度的史书

《文献通考》是一部论述上古至南宋中期各代典章制度的史书，宋末元初马端临撰。马端临（1254—约1324），字贵与，江西乐平（今江西省乐平）人，南宋末宰相马延鸾之子，咸淳九年（1273）漕试第一，曾以荫补承事郎。马延鸾曾任史官，家中富有藏书，咸淳九年因不附贾似道，被迫辞职归家，马端临也回到家乡奉养父亲，直到17年后父亲去世。之后短期受聘出任慈湖、柯山书院山长和台州儒学教授，一生主要在家乡隐居著书。所著除《文献通考》外，尚有《多识录》153卷、《大学集传》1卷、《义根守墨》3卷，俱失传。马端临大约在34岁左右开始编撰《文献通考》，用了20年时间，1307年书成。1318年为道士王寿衍访得，次年奏之于朝；1322年官府刊刻，马端临亲自校勘，1324年刊成。

《文献通考》是《通典》之后又一部典制体通史，记事上起上古传说时代，下至南宋宁宗时期。全书分为24门，348卷，依次为田赋考7卷、钱币考2卷、户口考2卷、职役考2卷、征榷考6卷、市糴考2卷、土贡考1卷、国用考5卷、选举考12卷、学校考7卷、职官考21卷、郊社考23

卷、宗庙考15卷、王礼考22卷、乐考21卷、兵考13卷、刑考12卷、经籍考76卷、帝系考10卷、封建考18卷、象纬考17卷、物异考20卷、舆地考9卷、四夷考25卷。其中，经籍、帝系、封建、象纬、物异5门为新立，其余19门为《通典》原目或子目。就其体例与内容来说，《文献通考》是《通典》的扩大与续作。材料来源，宋代以前用《通典》及诸史，宋代依据国史、会要及诸儒议论，选举、学校、刑法门引“先公曰”，可见是其父马延鸾的说法。自序说明“文”即叙事，采取信而有征的经史、百家传记；“献”即论事，引述历代名人对历史事件、历史现象、历史人物的评论；大致“考”即按语，发表自己的见解；“通”为会通、贯通历代之意。故名《文献通考》。该书与《通典》《通志》并称“三通”。

《文献通考》以《通典》为基础，19门沿袭《通典》，并非完全抄录，而是在内容上有很大增补。不仅广采经史、会要、传记、奏议、议论等材料增补《通典》所记天宝以前典制，而且增补了天宝之后到南宋宁宗内容，成为一部论述上古至南宋中期历代典章制度沿革的通史。《文献通考》记事详今略古，记宋制最详，内容为最大宗，占到全书的一半，加之多采国史、会要等原始资料，成书又在《宋史》之前，成为元末修《宋史》各志的重要材料来源，《文献通考》成为研究宋代制度最主要的资料之一，同时也是研究中国古代典制最主要的资料之一。

现存最早的《文献通考》版本是元明递修本，传世的明清版本较多。通行本是民国时商务印书馆万有文库缩印合刊的《十通》本，其中《文献通考》精装2册，缩印殿本而成；中华书局1986年出版影印万有文库《十通》本，16开，精装2册，最容易见到；前些年出版的《传世藏书》曾收录《文献通考》标点本，但不易见到。

《贞观政要》

——一部对唐太宗统治有所溢美的政治史

《贞观政要》是一部对唐太宗统治有所溢美的政治史。作者吴兢（669—749），汴州俊仪（今河南省开封）人，唐朝武周、玄宗时期的史官，曾参与修撰《则天实录》和国史，因撰史秉笔直书得罪权贵，被贬外任州司马、刺史、长史等职。一生著作有多种，仅《贞观政要》流传至今。

《贞观政要》10卷40篇，分类编辑唐太宗君臣的“嘉言善行，良法美意”，包括君道政体、求贤纳谏、历史鉴戒、道德规范、学术文化、刑法贡赋、征伐安边等等，但主要是唐太宗与大臣们的言论，集中于军国大事，是一部描写唐太宗贞观时期统治的政治史。吴兢缀集所闻，参考旧史，除了取材《太宗实录》，还参考起居注、国史等“旧史”。唐中宗时书已经撰成，至玄宗开元年间稍事修订重撰序文进上。他编写此书的目的在于把贞观时期写成传统政治的一个典范，让后世帝王学习、仿效，因此该书是歌颂祖德以资训戒的官书，自多隐恶扬善，绝不能表现贞观时期政治的全貌，绝不能单凭此书来评论唐太宗。但由于吴兢编撰时曾参考过起居注、国史、实录等原始资料，这些资料后已亡佚，因此该书保存了一些记述贞观之治的重要资料，在研究初唐政治尤其是贞观之治方面具有重要的史料价值。在非学术性的贞观之治描述中，《贞观政要》记述贞观之治的言论成为权威依据，而实际上该书的记述对贞观之治有所溢美，这一点务必要注意。

唐宋两代，对《贞观政要》注释者知名者有 20 余家，元代戈直对该书重新整理注释，收集唐宋 22 家所作的注释，成为一个比较完整的本子，也叫集论本。通行易见的有 1978 年上海古籍出版社出版的校点本、中华书局 2003 年出版的《贞观政要集校》。

《山海经》

——先秦时一部包含诸多神话传说的地理书

《山海经》是先秦时一部包含诸多神话传说的地理书，向来作者不详。此书大概不是一人一时所作；一般认为《山海经》最早编写于战国，流传过程中不断被后人增补删改，故而全书的形成经历了一个较长阶段。其中的《山经》5 篇成书最早，文字古朴，编写时间不会迟于战国；《海外经》《海内经》8篇，杂有秦汉地名，当在秦汉之际写定；另有5篇杂入《水经》文字，应是魏晋时人增补。《山海经》的编撰成书，大概先有《山经》，后有《海经》，《山海经》合称，起于西汉之前。《山海经》原有地图（甚至有人认为先有图后有经，《山海经》大概是《山海图》之类地图的文字解释），但原图久佚，今图为后人补绘。

西汉刘歆校书时，将《山海经》34篇并为18篇，《汉书·艺文志》记为13篇，郭璞注为23卷，今本为明人吴琯校定，仍分18篇（卷），分为《山经》5卷和《海经》13卷，具体包括南山经、西山经、北山经、东山经、中山经、海外南经、海外西经、海外北经、海外东经、海内南经、海内西经、海内北经、海内东经、大荒东经、大荒南经、大荒西经、大荒北经、海内经。全书30852字，《山经》占21265字，篇幅最大。《山海经》内容丰富，记载以山海地理为纲，涉及上古到周之历史、民族、宗教、神话、物产、医药、巫术等。记山名5370座、河流大泽300余条，动物260余种、植物58种、矿物约80种，邦国95个，人物140余名，还记录了一些原始的神话故事和巫术医药。涉及的地域包括中国及中亚、东亚广大地区。《山海经》不仅记邦国、山水，而且记载了各个邦国、山区、水道的风土民情和重要物产，以及许多传说中的历史人物以及他们的活动、世系。如记山，包括其名称、方位；有关的道里、物产（矿藏、草木、鸟兽、虫鱼）；有水道则记水道；若有药材，则记其可以治疗的病症。《隋书·经籍志》列《山海经》入地理类，后代多归其为地理书；而《四库全书总目提要》将《山海经》列入小说类。

《山海经》所记山水可考者，经今人研究多可指出其方位所在，足见其记载是井然有序的。该书能够有条理、有系统地记述山川、物产、古国、古事，保存了一些可信的很古老的材料，是研究我国远古社会的重要文献，对地理学史、文学史及史学史研究弥足珍贵。如所记的神话故事精卫填海、夸父逐日之类，影响了古代许多文学作品，在中国文学史上占有一定的地位。

历代对《山海经》校补、注疏、研究成果甚多。晋人郭璞注本，传世有明成化本，民国时《四部丛刊》予以影印。清人以毕沅《山海经新校正》及郭懿行注本较有代表。通行易见本有 1980 年上海古籍出版社出版袁珂《山海经校注》，附有索引，方便阅读使用。

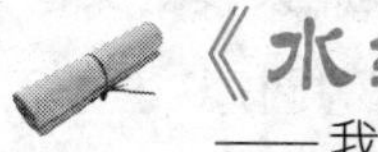

《水经注》

——我国最早的一部专讲河流分布的地理书

《水经注》是我国最早的一部专讲河流分布的地理书，40 卷，北魏郦道元撰。郦道元（466 或 472—527），字善长，范阳逐鹿（今河北省涿州市）人，其父郦范曾任青州刺史、尚书左丞，郦道元自幼随父任官山东，游历过许多地方，喜欢乡土自然，年长袭父爵，官至东荆州刺史、御史中尉等；为官以威猛峻刻著称，为权贵不容，竟为所害致死。一生好学，博览群书，著述颇丰，除《水经注》外，还有《本志》《七聘》等多种，但均已亡佚。

《水经》是记述我国古代河流水道的地理学著作，其作者历代有分歧，现在通行说法是东汉桑钦撰；但清人考证认为成书于三国时代，作者应为三国时人。《水经》记包括长江、黄河在内的河流水道 137 条，每水一篇，往往不过一两句话，原文内容极简。郦道元鉴于此书简略，便以《水经》为纲，详细介绍了各地河流 1252 条，注文约有 30 万字，是原书的 20 倍，可见名为注释，实际已是一部全面系统的水文地理著作。以黄河、长江、渭水、沔水、济水内容为多，总体详北而略南。郦道元作注，依照水流所经记山川、都市、冢墓、祠庙、第室、石刻、名胜、故事、歌谣、怪异，以及动植物，涉及地理学、历史系、考古学、建筑学、水利学、农学、文学等诸多方面，内容极为丰富，规模庞大，行文简洁，文笔优美生动。郦道元作注，广征博引，引书多达 437 种，因而保存了大量珍贵的资料，部分内容可以补充正史记载的不足，此书对于研究沿革地理、河道变迁具有重要的资料价值，成为研究南北朝历史的重要资料。后来研究《水经注》成为一门专门学问——“郦学”。

《水经注》问世后，多以抄本流传，至唐代尚未引起足够重视，宋元以来利用稍多，但流传过程中出现经、注混淆，字句讹误，内容残佚。宋人重刊，析足原数40卷。明万历年间宗室朱谋玮笺注本流传较广。清代研究《水经注》学者、成果均多，以全祖望《校水经注》、赵一清《水经注释》、戴震《戴校水经注》最为著名。清末民国，王先谦《合校水经注》汇集清人研究成果；杨守敬及其弟子熊会贞作《水经注疏》，汇成《水经注图》8卷；王国维《水经注校》。今人以陈桥驿《水经注研究》较具代表性。工具书有燕京学社引得编纂处出版郑德坤《水经注引得》。

通行易见本较多，如上海人民出版社1984年出版王国维《水经注校》；江苏古籍出版社1989年出版点校本《水经注疏》，精装3册；江苏广陵古籍刻印社1998年影印出版永乐大典本《水经注》；中华书局2007年出版陈桥驿《水经注校证》。

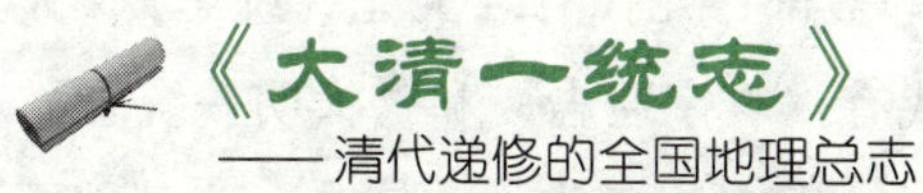

《大清一统志》

——清代递修的全国地理总志

《大清一统志》是清代递修的全国地理总志。清朝康熙和雍正年间，都曾发布修撰全国一统志的命令，但均未成书。乾隆八年（1743）首次修成，342卷，其内容体例，每省先立统部作概括叙述，并有地图和所属府、州表，然后按照分野、建置沿革、形势、职官、户口、田赋、名宦等次序分别记载省内之事；各府和直隶州立属县表，并按照分野、建置沿革、形势、风俗、城池、学校、户口、田赋、山川、古迹、关隘、津梁、堤堰、陵墓、寺观、名宦、人物、流寓、列女、仙释、土产21门的次序，详载其境内之事；藩属部落和有朝贡关系的国家，附录于全书之后。乾隆二十九年（1764）重修，扩大为500卷（包括子卷在内，正卷424），四十九年（1784）成书。乾隆年间多年对西北用兵，版图扩大，地方建置亦有变更。嘉庆十六年（1811）再次重修，至道光二十二年（1842）告成，560卷，内容叙述止于嘉庆二十五年（1820），通称为《嘉庆重修一统志》，编制体例仍如旧本，只是在田赋之下增加税课、职官二目，陵墓之下增加祠庙一目。

全国总志的编修，始于唐代，唐李吉甫《元和郡县图志》为最早的全国地理总志；宋代有《太平寰宇记》《元丰九域志》《舆地纪胜》等数部；元代有《大元一统志》《大元混一方舆胜览》；明代有《寰宇通志》和《大明一统志》。明清两代所修的全国总志，都是以《大元一统志》为基础而修撰的。清代官修全国总志，三次成书。《嘉庆重修一统志》在三部总志中成书最晚，内容较《大明一统志》为详，而逊于《大元一统志》。民国时《四部丛刊》三编影印原写本，各地较大型图书馆多有藏。

《徐霞客游记》

——一部记述实地调查石灰岩地貌的地理学著作

《徐霞客游记》是一部记述实地调查石灰岩地貌的地理学著作。作者徐弘祖（1586—1641），字振之，号霞客，明朝南直隶江阴（今江苏江阴）人，曾祖、祖父在明朝为官，父亲隐迹田园。徐霞客自幼喜好奇书，多博览古今史籍及舆地志、山海经之类的地理书，曾参加科举考试未中。自22岁起开始出游，30多年间，足迹遍布今天19个省、直辖市，直到55岁时身患重病，才被云南地方官派人护送回到家乡，次年就去世了，他把毕生精力都献给了旅行考察事业。近人已经确认《徐霞客游记》是一部地理学的学术著作，因而推崇徐霞客为杰出的地理学家。

《徐霞客游记》10卷，以日记体详尽地记录了徐霞客毕生大部分行迹所至、观察所得，除散失者外，目前保存下来的近60万字。卷一17篇游记反映了徐霞客在51岁之前的主要踪迹，游历了全国绝大部分的名山，积累了观察山川地貌的丰富经验。自51岁起，徐霞客经过长期、周密的准备，开始了历时四年的西南之行。卷二至卷十上记述了西南之行经历，这是他一生中外出时间最长、行程最远，也是最后一次旅行。卷十下为部分朋友间赠答的诗文、传志、石刻。《徐霞客游记》的内容是多方面的，自山川源流、地形地貌的考察，到岩石、洞壑、瀑布、温泉的搜奇剔胜；从动物、植物生态品种的比较，到矿产、手工业、居民点、物价的记录；从民情风俗的观察，到民族关系、边陲防务的关注。尤为可贵的是，该书对我国西南地区石灰岩地貌的广泛而深入的考察记述具有重大的科学价值，他不仅描述石灰岩地貌的种种奇观，还分析其成因，考察其方位，研究其结构，其目测步量和记述的准确性，和现代测量的数据十分接近。《徐霞客游记》是世界上最早的关于岩溶地貌的科学文献，同时也为研究我国西南地区提供了大量可贵的资料。另外，该书文笔简洁，也是一部杰出的文学游记。

《徐霞客游记》成书于他死后的第二年，不久清军入关，江阴遭受劫难，书稿散失，幸有抄本流传，经徐霞客幼子徐寄搜集整理成比较完整的本子，成为“诸本之祖”，今也失传。1776 年，徐霞客族孙徐振整理本付梓。随后流行的是 1928 年丁文江整理的大字本和 1935 年商务印书馆的国学基本丛书本。现在通行易见的是 1980 年上海古籍出版社校注本，1987 年增订出版，精装 1 厚册。

《大唐西域记》

——一部记述玄奘西行求法沿途见闻的历史地理著作

《大唐西域记》是一部记述玄奘西行求法沿途见闻的历

史地理著作，由唐代名僧玄奘口授，其弟子辩机记录整理而成。玄奘（600—664），姓陈名袆，洛州缑氏（今河南偃师缑氏镇）人，出身于信奉佛教的世族和诗书之家，其兄先出家为僧，玄奘自幼从兄诵习佛教经典，亦熟悉儒道百家典籍，笃诚佛事，勤勉好学，隋朝末年正式出家为僧。在钻研和探讨佛学的过程中，深感南北朝佛教中土流行的佛教派别林立、教义分歧，于是决心去佛教的发源地天竺（今印度）取法求经。贞观元年（627）秋八月，玄奘从长安出发，孤身西行天竺，经过高昌国（今吐鲁番）、天山南麓、葱岭北隅以及今日域外数地，最终到达今印度，在印度，遍游五天竺，足迹遍及恒河和印度河流域，因具备精湛的佛学知识受到多次高规格礼遇。玄奘在外 19 年，行程 5 万里，行经 100 多个古国，于贞观十九年（645）回到长安城，带回 600 多部佛经，受到唐太宗的高度礼遇。唐太宗急于向他了解沿途所经各地区的物产、风俗等地理状况，并要求他将这些情况汇编成书，于是由玄奘口述、弟子辩机笔录，在 646 年完成 12 卷的《大唐西域记》。

《大唐西域记》记述了玄奘亲身经历的高昌以西 110 个和传闻所知的 28 个以上的城邦、地区、国家的情况，按地区罗列各地地理状况，概括性地记述了这些国家、城邦、地区的面积、都城、气候、地形、水利、物产、交通、风俗，所记域外地理知识之丰富与准确，达到了前所未有的水平。该书不仅是研究唐代西域、印度等地历史地理以及“丝绸之路”的重要史料，而且对研究印度等国来说，还是他们研究本国古代史的重要依据。

玄奘去世后，门人慧立、彦悰根据玄奘生前的讲述等资料，为其撰写了一部题为《大慈恩寺三藏法师传》的传记，全书10卷，其中卷2至5也记述了玄奘西行求法的全部经过，以及沿途各地的地理状况；《大慈恩寺三藏法师传》按玄奘行经路线依次记述，所记各地方位往往较《大唐西域记》更为清楚，但《大慈恩寺三藏法师传》记述的地理内容不如《大唐西域记》详细，不过《大慈恩寺三藏法师传》记述的某些内容仍可以补充《大唐西域记》的不足。两书可以作为姊妹篇，均是研究玄奘及其西行求法的珍贵资料，成为古典小说《西游记》内容的重要来源。

《大唐西域记》由于收入佛教的大藏经中，版本较多。通行易见本有《四部丛刊》影印南宋刻梵夹本；1977年上海人民出版社出版章巽校点本；1985年中华书局《大唐西域记校注》本。

《海国图志》

——近代中国人编纂的第一部世界史地著作

《海国图志》是近代中国人编纂的第一部世界史地著作，清人魏源编撰。魏源（1794—1857），字默深，原名远达，湖南邵阳人。年轻时曾赴京从刘逢禄学习《公羊春秋》，与龚自珍交往甚密。道光二年（1822）中举，参与编辑《皇朝经世文编》。后捐资任内阁中书，有机会阅读内阁典籍。鸦片战争爆发后，作《圣武记》，缅怀清初的兴盛局面。道光二十四年（1844），50岁时中试，赐同进士出身。在京口受已被革职的林则徐委托编撰了《海国图志》。后来到江苏东台、兴化、高邮等地做官，曾倡办团练，抵抗太平军。后被劾免职，不久再次被起用，以老病辞官，病卒于杭州。魏源一生还著有《古微堂集》《元史新编》《老子本义》《诗古微》《书古微》《公羊古微》等。魏源曾在所著《海国图志》中提出“师夷长技以制夷”的著名口号，一般认为这是中国近代史上最早提出向西方学习的主张，他也成为中国近代最早“睁眼看世界”的代表人物之一。

鸦片战争后，西方殖民者的入侵引起了中国空前的社会危机，促使一部分先进知识分子开始对域外历史地理知识进行新的探索，此时编撰的域外地理历史著作内容侧重于自然地理和经济地理，经世致用的目的非常突出，如魏源《海国图志》、徐继畬《瀛环志略》、王先谦《五洲地理志略》等。在鸦片战争爆发前夕，广东地区中外贸易发达，与域外接触频繁，林则徐先后辑译了《四洲志》《地球全图》《平安通书》《每月统纪传》等外国图书，偏重与商业贸易有关的问题。魏源认为对世界各国的历史沿革和地理位置的记述不够详细，于是他广泛搜集中外有关文献资料，编著《海国图志》，1842 年成书。原书 60 卷，以后在 1846—1847 年间、1852 年又两次增补，共为 100 卷。《海国图志》以《四洲志》为基础，引用历代史志 14 种，中外古今各家著述 70 多种，此外还有各种奏折 30 多件和一些亲自了解来的资料。魏源明确地宣称，《海国图志》就是“为以夷攻夷而作，为以夷款夷而作，为师夷之长技以制夷而作”。

百卷本《海国图志》内容包括四个方面。首为《筹海篇》，总结了鸦片战争失败的惨痛教训，提出了一系列政治军事主张，总论了全书的指导思想，这部分为全书之纲。次为地图，包括《沿海沿革图》《地理正背面图》及亚、非、欧、美四大洲的各国地图 76 幅。再次为地志，71 卷，分别介绍了当时世界各主要国家和地区的地理状况。最后附录《筹海总论》《夷情备采》和西方近代制造技术等资料。在叙述世界各国地理情况时，《海国图志》基本上是按照陈伦炯《海国见闻录》的体例，以中国为起点，按中西交通中帆船西行途经各地的顺序为先后，先亚洲，次非洲、欧洲，最后美洲。《海国图志》内容丰富，是一部世界历史地理资料汇编。

《海国图志》是鸦片战争后第一部介绍西方自然科学和工艺技术、谋求御侮图强的要籍，也是传播和普及西方近代地理知识的域外历史地理名著。后人对该书评价甚高，康有为认为它是讲西学的基础，梁启超认为他激励了国民对外的观念，刘愚生认为该书开了近代研究世界史地的先河。《海国图志》是一部划时代的著作，其“师夷之长技以制夷”命题的提出，打破了传统的夷夏之辨的文化价值观，摒弃了九洲八荒、天圆地方、天朝中心的史地观念，树立了五大洲、四大洋的新的世界史地知识，传播了近代自然科学知识以及别种文化样式、社会制度、风土人情，拓宽了国人的视野，开辟了近代中国向西方学习的时代新风气。

常见版本有岳麓书社 1998 年标点本，精装 3 册；中州古籍出版社 1999 年评注本。

《四库全书总目》

——我国古代最大的官修图书目录

《四库全书总目》，也称《四库全书总目提要》，简称《四库提要》，是官修《四库全书》的副产品，我国古代最大的官修图书目录。清朝乾隆三十七年（1772），政府设立四库全书馆，网罗当时一大批学者名士编纂《四库全书》，至乾隆四十七年贮存大内文渊阁的第一部《四库全书》编纂缮写告成。实际上抄成的《四库全书》只收了所谓“应刻之书”3462 部，称为“著录”；对“应抄之书”6793 部只作存目。为了编纂《四库全书》，朝廷规定各省督抚将征集进呈的书籍开列目录，注明某朝某人所作，书中大旨如何，具折奏闻，汇齐后送交四库馆，可见各省采进本进呈时已有作者名姓、朝代及内容概要。在编纂《四库全书》的过程中，按照编纂要求，纂修官将征集到的图书经过严格的鉴别、挑选、分类、处理，并将各自所负责校阅、辑佚的书籍各撰一篇内容提要，逐一置于书前；提要内容包括“各书大旨及著作源流”“列作者之爵里”“考本书之得失”、进行“文字增删、篇帙分合”等。然后集中送到总纂官纪昀、陆锡熊处，他们在总目协勘官任大椿、程晋芳、李潢等人的协助下，对入选的提要从文字和内容进行考证、修改、补充、润饰，再按照一定的体例分类编排，汇成一书，定名《四库全书总目提要》或《四库全书总目》。《四库全书总目》对著录、存目的一万余种书均写了提要。纪昀在四库全书馆内时间最久，提要的整理加工，他出力最多，因此尽管《四库全书总目》以乾隆六子永瑢领衔编撰，实际上总其成的却是纪昀。

《四库全书总目》200卷，按照经、史、子、集分四大类，大类下又分若干小类，其中一些比较复杂的小类再细分子目；每一大类的前面都有小序，子目的后面有按语，扼要说明这一类著作的源流以及所以分列这一类目的理由。每一类的后面，附有“存目”书籍。《四库全书总目》卷首分列乾隆“圣谕”、四库馆臣所上的“表文”以及“职名”“凡例”，大致记载了《四库全书》和《总目》的纂修经过和编写体例。据统计，《四库全书总目》收书包括收入《四库全书》之书3461种、79309卷，存目6793种、93551卷，基本上包括了乾隆以前中国古代的重要著作，其中尤以元代以前书籍收辑更为完备。这一万余种书，均介绍其大致的内容提要，而且有系统的分类编排，对于了解古代各类基本著作提供了极大方便。加上参与纂修《四库全书》及编写《提要》的人员，多在某些方面学有专长，他们对所收书籍的考订也适当吸收了当时的研究成果。

《四库全书总目》成于众手，加上为清廷编纂《四库全书》的副产品，存在编纂的不足和政治、时代局限，但其内容较有系统、比较充实，辨析学书源流、崇尚实学，成为中国古代最重要的图书目录，清代及中国古代学术的渊薮之作，影响了此后一代代学人。作为我国古代最大的官修图书目录，一部极富学术和使用价值的书目工具书，在今天仍有较大的参考价值。民国以来，对《总目》校订有功者首推余嘉锡《四库提要辩证》，此外尚有李裕民《四库提要订误》、崔富章《四库提要补正》。

1782年七月，《四库全书总目》初稿完成，以后的大约七八年间，《总目》随着《四库全书》的不断补充和抽换有过几次增改。乾隆五十四年（1798），《总目》已经写定，当年由武英殿刻板；乾隆六十年（1795），浙江地方官府据杭州文澜阁所藏武英殿刻本翻刻，此后得到广泛流传。通行易见本有：中华书局1965年影印本，据浙江重刻本并断句；中华书局1997年整理本，吸收后代各家校订《总目》的成果，简体横排，附录书名及著者姓名索引，最易使用。

《书目答问》
——清末一部指示初学者读书门径的目录书

《书目答问》是清末一部指示初学者读书门径的目录书，编者张之洞。张之洞（1837—1909），字孝达，号香涛，河北南皮人，晚期洋务派主要代表人物。《书目答问》完成于光绪元年（1875）他担任四川学政期间，“诸生好学者来问应读何书，书以何本为善……因录此以告初学”，所以名作《书目答问》，即“书目”的“答问”。编写时曾得到熟悉版本目录的缪荃孙帮助，于1876年刊行。

《书目答问》按照经、史、子、集四部分类，每类一卷，丛书另作一卷，共5卷，部下的门类较《四库全书总目提要》有所调整；内容有书名、卷数、作者，但没有内容提要，书名下列举了若干比较重要和通行易见的版本和注本，并加以适当的比较和评论。所列书籍大体能做到既少且较为精要，还适当增加了《四库全书》修成之后问世的著作和当时所谓的新学书籍，“此编所录，其原书为修《四库》书时所未有者十之三四，《四库》虽有其书而校本、注本晚出者十之七八”。加之张之洞是主张“中学为体，西学为用”的知名人物，因此此书一出，极受有志于读书的人士欢迎，加之该书比较切合一般读者需要，在社会上颇为流行。1873年，张之洞曾重加勘定，为京师诸生授读，此改定本较之初印本增补书名、卷数、作者、版本等20余处。此后流传的《书目答问》出现了不少翻刻本和批校本，但这些本子或重刻重印，或只是对个别书名、卷数、作者、版本等作了一些增改。仅是1879年在贵阳刊刻的王秉恩校刻本，对原书多有增补和校正，作了较大改动，但此本流传较少。

1931年，由范希曾编撰的《书目答问补正》正式出版。范希曾，江苏淮阴人，1929年就职于南京国学图书馆，1930年去世，年仅31岁。时隔50多年，出版了一大批新的学术研究著作，敦煌古籍和殷墟甲骨的发现，影印技术使用，出现了大量有价值的研究资料和以前很难见到的秘本。而范氏在图书馆工作，有机会看到和了解不少稿本、抄本的收藏情况，为补正工作提供了有利的条件，也使《补正》具有较高的使用价值。《书目答问补正》补录图书1200种左右，部分为《答问》未收而《补正》加以补充的；部分为《答问》成书后清人及近人研究成果，且多有成就超过前人的，这类图书在一定程度上反映了《答问》到《补正》这50多年期间学术研究的主要成就；还有大量稿本、抄本，更具重要参考价值。《补正》除补充《答问》漏收和新出的大量图书、版本外，还补足和纠正了《答问》漏收或讹误的书名、卷数、作者姓名、刊刻年代等近百处，并继承《答问》的传统，在部分书籍下附加了按语。可惜的是，范希曾编撰《书目答问补正》过程中未能见到王秉恩校刻本，未能吸收此本已经补正《答问》的成果。总之，经过《书目答问补正》的大量补充，丰富了《答问》的原有内容，在扩大读者知识面和进一步提供更多研究线索等方面作出了应有的贡献，后来取代《答问》广为流传。

《书目答问》主要的版本有光绪二年四川刻本、光绪五年贵阳刻本、民国十八年万有文库本、民国二十四年上海扫叶山房石印本。现在通行的主要是《书目答问补正》，有上海古籍出版社 1983 年校点本（上海古籍出版社 2001 年蓬莱阁丛书收录此本）、北京燕山出版社 1999 年本、江苏古籍出版社 2000 年本，多通行易见。

《史通》——我国第一部史学评论著作

《史通》是我国第一部史学评论著作，唐刘知几撰。刘知几（661—721），后因回避唐玄宗李隆基改名刘子玄，徐州彭城（今江苏徐州）人，20 岁时中进士，作了十几年地方官和王府官，42 岁时起开始担任史官，历任著作佐郎、左史、著作郎、秘书少监等职，基本上从事撰修本朝史书的工作；721 年，因营救长子犯罪流配一事被贬为安州都督府别驾，不久去世。所著甚多，几乎都与史学有关，如《刘氏家史》15 卷、《刘氏谱考》3 卷、《刘子玄集》30 卷，除《史通》外大都已经失传。

时至刘知几生活的唐代中期，史书已经大量积累，仅《隋书·经籍志》著录的史部书籍就达 817 部，各种体裁的史书多了，需要评论其得失优劣。刘知几在武周后期到玄宗初年担任过 20 年史官，曾参与撰修唐朝前期的国史和高宗、中宗、武后、睿宗等朝的实录，自己所著多与史学有关，可见他阅读过不少史书，具备良好的史学才能。时间出真知，他撰修《史通》的理论应该是从前人和他自己修史的经验中总结出来的，来自他的读史、修史实践。《史通》编撰始于 702 年，终于 710 年，历时 9 年。《史通》分内、外篇，内篇 10 卷 39 篇，后佚失 3 篇成 36 篇；外篇 10 卷 13 篇。现存 20 卷 49 篇，亡佚 3 篇只存目录，每篇均为专题论文的形式；83352 字，加上自注 5498 字，全书共计 88850 字。内篇的“六家”“二体”讲他认为的正史体裁；“本纪”“世家”“外传”“表历”“书志”讲纪传史的内容；“论赞”“序例”“题目”“断限”等从多方面讨论如何写好史书。外篇的“史官建置”讲史官的建置沿革；“古今正史”评介先秦至隋唐的正史；“疑古”“惑今”以下是对史书的评议，包括对《尚书》《春秋》的批评。大致来说，内篇概括地讨论史书体例和编撰方法，外篇论述史官沿革、史籍流传及古人写作中的一些具体问题。

一般认为刘知几《史通》是中国第一部史学评论著作，开创了史部的史评体。其实，作者在书中论证的范围很广，如史官源流、史书体裁、史书评论、史学方法、史学修养、史料范围、史料鉴别、史书修撰的造句用语等，几乎包括了历史学的主要方面问题。《史通》具有较大的史学价值和影响，它粗具唐以前史学史的规模；提出史家应具备才、学、识的修养标准，是为"史才三长"，为后代史家广为援引；标志着史评体（评论史书、史事）创始；提出了一些合理的史学方法及自己对史书体例的看法，具有深远的学术影响。

《史通》问世后，后人褒贬不一。宋代有了刻本；元代至明中叶，少见流传；明嘉靖至清代，刻本渐多，注释本亦多；乾隆年间，浦起龙撰《史通通释》，依据此前各本加以校释，吸收清人黄叔琳《史通训故补》的优点，成为该书较好的一个注释本，后来翻刻流传甚广。常见版本有《四部丛刊》影印明万历张鼎思刻本；《四部备要》影印清乾隆浦氏求放心斋刻本《史通通释》，1978 年上海古籍出版社以此本为底本点校出版，平装 2 册；上海古籍出版社 2009 年点校本《史通通释》，精装 1 册。

《文史通义》
——清中期一部杰出的史学评论著作

《文史通义》是清中期一部杰出的史学评论著作，章学

诚撰。章学诚（1738—1801），字实斋，浙江会稽（今浙江绍兴）人，清代著名的史学家和方志学家，浙东学派重要代表人物。年轻时曾在北京国子监学习，又从朱筠学习，34 岁时入朱筠安徽学政幕中，与史学名家邵晋涵、洪亮吉共事，后托身于湖广总督毕沅、安徽巡抚朱珪，曾参与《续资治通鉴》的编撰。乾隆三十四年（1778）中进士，时年 41 岁，但未获得官职。后半生为生计而奔波，担任过数所书院主讲，如定州武定书院、大名清漳书院、永平敬胜书院、保定莲池书院、归德文正书院；主持修撰过数种志书，如《天门县志》《和州志》《永清县志》《亳州志》和《湖北通志》。死时 61 岁。著作甚多，生前均未刊行，临终时托付王宗炎整理编定，结果王宗炎整理未毕而卒。道光十二年（1832），章学诚次子刻成《文史通义》《校雠通义》二书。1921 年嘉业堂刘承干刻章学诚全部著作为《章氏遗书》50 卷。所著以《文史通义》《校雠通义》《史籍考》三种最为知名，

《文史通义》编撰始于乾隆三十六、三十七年（1771—1772）间，章学诚在安徽学政幕中，成书于嘉庆元年（1796），历时 25 年。《文史通义》是章学诚研究文史的论文汇编，全书分为内篇、外篇两部分，内篇 6 卷外篇 3 卷共 9 卷。内篇中“易教”等篇阐明“六经皆史”之说，“史德”“申郑”等篇评论史学；“浙东学派”等篇讲学术源流，外篇论如何修好地方志，这些都是关于史法史学的。内篇的“诗

教”“古文十弊”等篇谈文学。

《文史通义》批判了当时流行的学术思想，对史书、地方志编撰及史学提出了自己的看法，集中体现了章学诚的史学主张，具有积极的学术意义和影响。如主张史学要经世致用，反对当时盛行的专务考索以及空谈义理两种学术倾向。提出“六经皆史”，扩大了史学范围，提高了史学的地位。上承刘知几“史才三长”的思想，补充“史德”，为史学界广为接受。提倡方志编撰，把方志提到史书地位，提出一些方志理论与方志编撰方法，创立了方志学，影响巨大。在历史编纂学方面，分史书为“记注”和“撰述”两种，认为“记注”为汇编资料，只有依据史学观点组织材料创作而成的“撰述”才能代表史学发展水平；吸取史书各体之长创立了一种新史体，即以纪传之体而参本末之法，增图谱之例而删书志之名，体现出章氏的创新精神。

《文史通义》常见版本有：丛书集成本，据《粤雅堂丛书》本；1956 年古籍出版社标点本，中华书局 1961 年据以重印；文物出版社 1985 年影印本，书名《章学诚遗书》；中华书局 1985 年叶瑛撰《文史通义校注》，此书最为通行易见。

《读通鉴论》

——明末清初一部史学评论著作

《读通鉴论》是明末清初一部史学评论著作，王夫之撰。

王夫之（1619—1692），字而农，湖南衡阳人，晚年隐居湖南衡阳石船山，学者尊称为船山先生，明末清初杰出的思想家，与顾炎武、黄宗羲并称“清初三先生”“清初三大儒”。崇祯十五年（1642）中壬午科举人，明朝灭亡后参加南明抗清斗争，后隐居傜峒间，以著述终其生，成书数十种，计三百余卷。康熙三十一年（1692）卒。道光二十年（1840），族孙王世佺汇刻其全部著作为《船山遗书》288 卷，18 种，后书版毁于太平天国战争；同治二年（1863），曾国荃在南京重刊，成 58 种，其书流传始渐广。王夫之知识面宽泛，著述甚丰，涉及经学、文字学、史学、史论、地方志、诸子、文学、天文、地理、历法、数学、佛学、哲学等方面，成就较高，对后世学者影响较大。

王夫之评论古史的著作，以《读通鉴论》和《宋论》两书为代表。《读通鉴论》对秦汉以来的历史分卷予以述评，包括秦史 1 卷、两汉史 8 卷、三国史 1 卷、两晋史 4 卷、南北朝史 4 卷、隋史 1 卷、唐史 8 卷、五代史 3 卷。每卷根据《资治通鉴》所列帝王系统分为若干篇，每篇又选择该时段的几件重要史实加以评论。总体来说，《资治通鉴》评论历代制度及政事得失，兼明夷夏之变，但许多都是借古以喻今，实际上是对明代政治的议论，阅读时应加注意。从《读通鉴论》可以看出王夫之进步的历史观，认为历史是发展的，历史发展有规律可寻，历史发展的规律表现在历史发展的趋势中，“理势合一”；历史在发展，一切制度法令应随着时代的前进而有所变化，“事随势迁而法必变”，“趋时而新”。

《读通鉴论》通行版本：中华书局 1975 年排印本，32 开，3 册，用南京刊刻的《船山遗书》本为底本，并据衡阳刘氏、邵阳曾氏的两个抄本所写的校记进行校补；近年重印。中华书局 1975 年也曾出版过大字本，16 开，2 函 10 册。

《廿二史札记》

——清代一部极富史识的史考名著

《廿二史札记札记》是清代一部极富史识的史考名著，赵翼撰。赵翼（1727—1814），字耘松（又作云崧），号瓯北，江苏阳湖（今江苏常州）人。乾隆二十六年（1761）进士，授翰林院编修，曾参加《御批历代通鉴辑览》的修撰，历官镇安知府、广州知府、贵州贵西道兵备道，1772 年因被劾降级，辞官归里，不再出仕，家居著述。赵翼擅长史学，工考据，又是诗人。有《瓯北全集》行世，包括史学著作、诗文集、诗话及杂记杂考计七种，共 170 余卷。

《廿二史札记》是一部用笔记体裁写成的史考专著，与钱大昕《廿二史考异》、王鸣盛《十七史商榷》齐名，被誉为清代三大史考名著。赵翼辞官归家闲居读书，每有心得就写下读书札记，整整积累了 23 年，1795 年将这些札记加以整理，编订成书，嘉庆五年（1800）刊刻问世，之后广为流

传。《廿二史札记》是赵翼史学论著的代表作，可以代表赵翼一生的治史成就。

《廿二史札记》名为二十二史，实际上是考订从《史记》到《明史》的二十四史，由于《旧唐书》和《旧五代史》在当时尚未被清政府批准为正史，就沿用了过去的“二十二史”之名。全书分为：《史记》和《汉书》3 卷；《后汉书》2 卷；《三国志》和《晋书》3 卷；《宋书》《齐书》《梁书》《陈书》和《南史》4 卷；《魏书》《（北）齐书》《周书》《隋书》和《北史》3 卷；新、旧《唐书》5 卷；新旧《五代史》2 卷；《宋史》《辽史》和《金史》6 卷；《元史》2 卷；《明史》6 卷。每史之下，分立若干条目；每一条目，集中考评一个专题，相应设立一个概括该条目内容的标题。全书共包括 578 个条目。本书考订诸史，贯穿了相近略远的原则，元、明二史，考订最详，共计 8 卷，几乎占全书的四分之一。书末附有《补遗》一篇，将修《御批历代通鉴辑览》时奉乾隆皇帝旨意改译的辽、金、元三史的人名、官名、地名和旧译名对照，全部录出，为历史研究提供了很大方便。

《廿二史札记》的内容，有考据，有议论，善于用综合归纳的方法，论述历代的治乱兴衰。作者在本书《小引》中所谓“此编多就正史纪传志表参互勘校……至古今风会之递变，政事之屡更，有关于治乱兴衰之故者，亦随所见附著之”。其著书方法为：评论诸史体例得失；考订史实错讹真伪；运用归纳综合的方法，将各种同一性质的史事分别归纳为专题，各以专篇论述，从不同角度反映有关一代治乱兴衰的重大问题。其考订方法，以史证史，且多以本史证本史。本书总贯诸史，对各史的编撰者、编撰经过、成书时间、材料来源及真伪、体例优劣、史料价值高低均作了介绍、评价，并考订史实、评论得失，由此可以了解二十四史的概貌和各史的大致情况。

《廿二史札记》常见版本有1937年《丛书集成》排印本，1958年重印；1962年中华书局排印本，据《瓯北全书》原刻本校印。通行易见本是中华书局1984年出版王树民《廿二史札记校证》（订补本）；凤凰出版社2008年校点本。

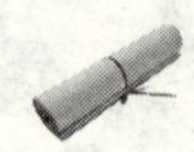

《日知录》

——明末清初一部著名的学者的读书笔记

《日知录》是明末清初一部著名的学者读书笔记，顾炎武撰。顾炎武（1613—1682），字宁人，江苏昆山（今江苏昆山）人，学人称其亭林先生。早年曾参加抗清斗争，后避游各地，到过山东、河北、北京、陕西等地，最后卒于山西曲沃。顾炎武大约从30岁起，边学习边将学习心得记录下来，这样用了30年时间，经过反复修改，最后汇编成书，取名《日知录》。

《日知录》全书32卷，共记1020条，每条设立一个标题，未分大门类；条目的编次先后，大致根据内容以类相从。其内容，顾炎武自己分为三类，“上篇经术，中篇治道，下篇博闻”；后来他的学生潘耒将其书分为八类：经义、史学、官方、吏治、财赋、典礼、舆地、艺文；而《四库全书总目提要》则分为15类：大抵前7卷论经义，卷8—12论政事，卷13论世风，卷14、15论礼制，卷16、17论科举，卷18—21论艺文，卷22—24杂论名义，卷25论古事真妄，卷26论史法，卷27论注书，卷28论杂事，卷29论兵及外国事，卷30论天象术数，卷31论地理，卷32为杂考证。《提要》把《日知录》视为纯学术的考据学著作。《日知录》内容丰富，涉及的范围相当广泛，包括政治和经济制度、学术艺文、风俗典礼、天文历法、山川舆地、名物度数等；广征博引，每事必探源究流，详考始末。但其主要的内容篇幅都是在讨论历史问题以及研究历史必需的古文献学、沿革地理和方法论，只有少量内容条目涉及语言文字、天文、数学等问题，因此现代学者多倾向于该书属于一部偏重历史考据的史学著作。可见顾炎武自己分类较简单，而潘耒的分法则比较接近此书的旨趣。

顾炎武学识渊博，其学有通儒之学，提倡为文要有益于天下，为学要经世致用，极力反对明末王学末流的空疏和狂妄，因此《日知录》讨论的多是明中叶到清初社会现实生活中的问题。总之，《日知录》集中了顾炎武一生读书、研究心得，既有精湛的历史考据成果，也有引古筹今、经世致用的主要思想资料，一向为学人所推重，成为中国古代一部著名的学者读书笔记。

顾炎武生前，于康熙九年（1670）自刻了一种《日知录》八卷本，现藏国家图书馆；但《日知录》的全部内容当时并未刊行；他去世后，稿本流入外甥徐乾学、徐文元手中，竟遭其窜改。徐氏兄弟死后，顾氏弟子潘耒才得以于1695年刊印于福建建阳，这是现存最早的32卷本。此后，校勘、补正《日知录》者渐多，如阎若璩、丁晏、俞樾、李遇孙等知名学者。1834年，黄汝成据各家研究成果，重加校注，成《日知录集释》32卷，附刊误2卷、续刊误2卷，成为后代流传最广、影响较大的注本，研究《日知录》的重要参考书。通行易见本有：上海古籍出版社1985年《日知录集释》（外七种）；上海古籍出版社2006年出版《日知录集释》点校本；安徽大学出版社2007年出版陈垣《日知录校注》本。

《明儒学案》——我国第一部学案体著述

《明儒学案》是我国第一部学案体著述，明末清初黄宗羲撰。黄宗羲（1610—1695），字太冲，号南雷（另号梨洲），浙江余姚（今浙江余姚）人，明末清初著名的思想家。清兵入关南下后，他在浙江参加反清，失败后隐居，开始读书讲学著述生活。黄宗羲学识渊博，尤长史学，著述很多，著名者有《明夷待访录》20篇、《明史案》244卷、《明儒学案》62卷、《宋儒学案》和《元儒学案》草稿若干卷，辑有《明文海》482卷，今人编《黄宗羲全集》（精装12册）。其中关于学术思想史的是《明儒学案》《宋元学案》草稿。

《明儒学案》编撰始于康熙八年（1669），完成于1676年，用了8年时间。《明儒学案》的编撰方法，在辨别学术宗派源流的基础上，分立学案，按历史发展顺序依次逐一记述，以展示明代学术思想的发展脉络。共立19个学案：崇仁、白沙、河东、三原、姚江、浙中王门、江右王门、南中王门、楚中王门、北方王门、粤闽王门、止修、泰州、甘泉、诸儒（上、中、下）、东林、蕺山，其中7个学案各占一卷，其余的学案均以数卷来叙述，如《江右王门学案》9卷、《诸儒学案》（上、中、下）15卷；载有关学者200余人，如《蕺山学案》记刘宗周1人、《止修学案》记李材1人，而《江右王门学案》记27人、《泰州学案》记王艮等21人、《诸儒学案》（上、中、下）记方孝孺等43人。

《明儒学案》是一部学术史著作，综述明朝一代的学术派别、源流、代表人物及其思想学说。全书首载《师说》，未列入全书卷数之内，简要介绍方孝孺等20余位学者的学术思想，有似全书的绪论；然后依次记述崇仁等19个学案，置黄宗羲的老师刘宗周（号蕺山）于最后，立《蕺山学案》1人1卷。每一学案，先综述该学派的学术概要；其次分述代表人物生平（撰小传以叙述生平）及论学要旨（语录和代表论著之摘要）。基本上囊括了明代的主要学者，是研究明代学术史和哲学思想的必读之书。《明儒学案》是学案体的创始之作，对中国史学发展产生了积极影响。其后仿其体例的学案体著作有全祖望、黄宗羲《宋元学案》，江藩《汉学师承记》《宋学渊源记》，唐鉴《清学案小识》等。

《明儒学案》成书后，先有部分付梓刊刻；直到乾隆四年（1793），全书才刊印流传；民国时有商务印书馆万有文库本。现在通行易见的是中华书局1985年点校本，2008年出版修订本，精装2册。

诸子百家典籍

诸子百家之作，在《国库全书》中归入“子部”。《四库全书》把除去儒家中上升为“经”的著作，其余各家立说之作，皆归为子部。具体而言，可分为若干小类，如儒家类、兵家类、法家类、农家类、医家类、天文算法类、术数类、艺术类、谱录类、杂家类、类书类、小说家类，另附有释家类、道家类。《四库全书》子部收书范围特别广泛。本书诸子百家典籍，大体选《四库全书·子部》中之周秦至魏晋诸子之作，偶有延及宋明儒家之著作，盖因儒学在中国传统社会地位之高，影响之大，且又考虑到所收宋明儒家之作，皆为常见又影响广泛之书。

诸子百家之作，在《国库全书》中归入“子部”。《四库全书》把除去儒家中上升为“经”的著作，其余各家立说之作，皆归为子部。具体而言，可分为若干小类，如儒家类、兵家类、法家类、农家类、医家类、天文算法类、术数类、艺术类、谱录类、杂家类、类书类、小说家类，另附有释家类、道家类。《四库全书》子部收书范围特别广泛。本书诸子百家典籍，大体选《四库全书·子部》中之周秦至魏晋诸子之作，偶有延及宋明儒家之著作，盖因儒学在中国传统社会地位之高，影响之大，且又考虑到所收宋明儒家之作，皆为常见又影响广泛之书。

周秦诸子的著述，其价值与影响足以与儒家“经”书相抗衡。周秦之际，是我国学术史上的黄金时代，诸子百家风起云涌、授徒立说。德国哲学家雅斯贝斯在其历史代表作《历史的起源与目标》一书中提出“轴心期”（Axial Period）的概念。他认为轴心期是“位于对于人性的形成最卓有成效的历史之点。

自它以后，历史产生了人类所能达到的一切”。从时间上看，公元前800年至200年的这段时间内，为人类历史的“轴心期”。轴心期的特点是“世界上所有三个地区（中国、印度、西方）的人类全都开始意识到整体的存在、自身和自身的限度。人类体验到世界的恐怖和自身的软弱。他探询根本性的问题。面对空无，他力求解放和拯救。通过在意识上认识自己的限度，他为自己树立了最高目标。它在自我的深奥和超然存在的光辉中感受绝对”。

雅氏“轴心期”的说法得到学术界的普遍认同。就人类经历之历程而言，人类文明集中于此阶段得以突破，此为历史之事实。因此美国社会学家帕森思（Talcott Parsons）称这段时期为“哲学的突破时代”。近年来，我国学者多谓此阶段为“原创文化”时期。这一时期是人类精神觉醒的时期，是人类最重要的突破时期。这一时期产生的思想文化，奠定了人类的文化模式，影响了人类文明的进程。轴心时代的智慧，是一种原创的智慧，同时也是一种影响力历久不衰的智慧。这样的时代，在人类的发展史上，只能出现一次，后世的文化、文明皆是对其的继承、诠释、发展。

中国历史的“轴心期”是春秋战国时期。春秋战国是智者云集的时代。如何在风云变幻的政局中成就霸业？管仲、晏婴、子产等一批治国能臣在实际中践行着各自的政治主张；诸侯争霸，群雄并起，逐鹿中原，问鼎天下。剑指前方，何人统率？孙武、孙膑、吴起等一批优秀军事人才应运而生；朝秦暮楚，合纵连横，分析天下形势，采取有利措施，苏秦、张仪、苏代等展现了乱世中的外交才华；周道衰微，名实混乱，辩者惠施、公孙龙倾其才学，辨名责实；群雄纷争，有赖实力，农业之国，水利先行，李冰父子、郑国、西门豹等人兴修水利，造福于民；此外左丘明著史警世，屈原、宋玉借文学的方式表达思想，医学家扁鹊，天文学家甘德、石申都有不朽的成就。最为重要者，此时出现了一大批思想家，老子、孔子、墨子、宋子、慎子、申子、惠子、孟子、商鞅、庄子、关尹、列子、邹子、荀子、韩非子等，他们以深邃的思考表明了对人类社会、人类自身的理性认识，在乱世中构建着治世的方案，在伪诈中探索着人性的光辉，在平凡中展现了博大的胸怀，在逆境中坚守着高远的志向……他们构筑起中国人的精神世界，开辟了中国人的文化传统。学术的空前繁荣，出现了“百家争鸣”的盛况，迎来了中国学术的黄金时代。百家争鸣不仅把中国思想文化推到一个前所未有的高度，且为后世中国文化的发展奠定了基础。后世中国文化的发展，或多或少都可从诸子百家中追溯到某种根源。处于此种社会转型时期的周秦诸子，其学说体现了中国思想文化的多样性与创造性，为中国思想文化的活水源头，确定了后世中国传统文化的基本格局，从而形成了不同于西方文明的东方文化传统。汉魏六朝之际，诸子之流风余韵犹存，虽不及先秦诸子气势恢宏，但也并未完全泯灭。基于这样的思考，我们主要选取了周秦汉魏六朝诸子的代表作，兼选少量宋明儒者影响较大的著作。

《老子》——道家智慧的渊薮

《老子》为道家的主要经典，又称《老子五千言》《道德经》《道德真经》，相传为春秋末年的老聃著。

老聃姓李名耳，楚国苦县（今河南鹿邑）人，是东周王朝掌管图书的史官，晚年过着隐居的生活，相传孔子曾向他请教过周礼。也有人认为《老子》可能是道家后学根据老聃的思想言论记述而成，成书约在战国初期。《老子》一书分上、下两篇，上篇《道经》37 章，下篇《德经》44 章，共 81 章。全书用韵文写成，语言简练，意义深刻。1973 年在湖南长沙马王堆汉墓出土甲、乙两种《老子》帛书，1993 年在湖北荆门郭店楚墓中出土甲、乙、丙三种《老子》竹书。竹、帛《老子》与传世《老子》内容基本相同。

《老子》既是一部哲学著作，同时也囊括了自然、社会的许多论述。“道”是《老子》哲学的最高概念，是派生万物的根源。《老子》的“道”是超形象、超感觉的观念性存在。它没有颜色，没有声音，没有味道，没有形状，无始无终，是无。同时“道”又不是虚无的空，而是切实存在的，是一切事物的最一般的统一本质，因此“道”又是“一”。“道生万物”的意思就是说，具体事物是有限的，它们各自有特殊的性质和形态，如水、火、木、土、金等，“道”表示万物的本质，是他们存在的根据。《老子》有一个命题，“道法自然”，说明“道”是没有意志，没有目的，任其自然而派生万物的，是“无为而无不为”。“道”是有与无、有为与无为的统一，由此派生的万物也是对立统一的，如阴阳、刚柔、强弱、美恶，福祸等都是互相依存，相互包含，相互转化的。这种矛盾双方的关系原则，贯穿于书中涉及的各方面内容。《老子》展示给人们一种特殊的反向思维方式，也就是一种运动、变化的思想方法。它把一切优劣看作是暂时的，是可以向对立面转化的。

儒家提倡的礼乐制度，在老子看来，束缚了个体生命的发展，从而使人不能自由。《老子》云：“故失道而后德，失德而后仁，失仁而后义，失义而后礼。夫礼者，忠信之薄而乱之首。”因此，人类追寻的目标就是去掉加之其上的仁义礼德，向“道”靠近，向“婴儿”复归。《老子》十二章曰：“五色令人目盲；五音令人耳聋；五味令人口爽；驰骋畋猎，令人心发狂；难得之货，令人行妨。是以圣人为腹不为目，故去彼取此。”老子对人的各种“欲望”进行抨击，提出“见素抱朴，少私寡欲”（《老子》第十九章），即消除“欲望”，还归本性，只有做到“无欲”，才能真正领悟到“道”的真谛。社会的治理也如此，《老子》第五十七章云：“故圣人云：我无为而民自化，我好静而民自正，我无事而民自富，我无欲而民自朴。”只有“无欲”，天下才得到大治。

《老子》讲人心只有像一面明镜一般，一尘不染时，即不为外物干扰时才能认识到“道”的真谛。他还构画了一幅“小国寡民”的理想社会蓝图，在那里，人民没有知识，没有欲望，虽然过着贫困生活却不以为苦而自得其乐，一切能促进社会进步的因素都可能带来恶劣的结果而不被采纳。这是《老子》对当时充满战争、伪诈的社会的一种批判，表达了其社会政治理想。老子对理想社会的描述，更反映出的是其对人的精神境界的追求。这是一种不受约束的精神境界，没有虚伪、欺诈，不争名夺利，尽显人性纯真、民风淳朴，此是一种与“道”相通的境界。

《老子》一书仅五千言，它包含着极大的智慧。汉魏以后直至近代，注释《老子》之作仅亚于《论语》；在国外也有许多种《译本》流传。《老子》中“道”这一概念的提出，标志着人类思维的一个巨大进展。他力图把物质世界当作整体，从纷繁复杂、瞬息万变的世界中寻找统一的东西。它对中国的文学、道德、政治、军事都产生了巨大的影响。

汉代河上公的《老子河上公章句》是现在最完整的《老子》注本。王弼《老子道德经注》是古代《老子》众多注本中最有影响的注本之一。今人高明《帛书老子校正》、陈鼓应《老子注释与评价》也较为流行。

《庄子》——精神逍遥的乐园

《庄子》为先秦道家两部基本经典之一，也是后来道教的基本经典之一。现存《庄子》一书共三十三篇，分内篇、外篇、杂篇，一般认为“内篇”是庄周所作，“外篇”和“杂篇”是其弟子整理庄子的讲话记录，是庄子后学的作品。

庄子（约前369—前286），姓庄名周，战国时蒙人（今河南商丘东北）。庄子家境贫困，曾做过管理漆园的小吏，后长期归隐，与名家惠施常有交流往来。

《庄子》全书基本是宣扬道法的博大精深，主张无为，随顺天道，反对是非、名利、恶欲等一切争执和政治文化制度，对孔子与儒家常说多有讽刺、抨击。全书多以寓言的形式来阐发哲理，在哲学和文学上都有较高的价值。

庄子所处的时代，是一个社会全面大变革的时代。各主要诸侯国的变法改革已经结束，新的生产关系确立，新旧阶级的矛盾也更加尖锐。在复杂多变的现实中，如何能寻求人的精神的解脱与超越，达到精神的逍遥境界，这就是《庄子》一书所要探求的主要问题。

对充满伪诈的现实社会，庄子十分反感，但又无力反抗。他似乎看透了人生，对人世的生活抱着一种深深的厌倦，然而他又不甘自灭，于是只能采取一种消极避世的态度，在夹缝中求生存。所以，庄子的人生观实际上是一种脱离实际的，专注于保全自身、谋求个体精神独立的人格理想。

庄子认为人的一生要听其自然，不能人为地去改变它。因此，他竭力反对儒家的道德观。儒家的孟子认为仁义是人的本性，人们思索它、探求它，就能得到它，放弃它就会失去它，所以提出“尽心知性”的观点。庄子根本否认这一切，认为儒家所提倡的仁、义、礼、智根本不是出自天性，出自天性的是德，仁义礼智与道德是根本对立的，仁义是偏，道德才是全，仁义是人有目的的行为，道德是自然的本性，用有目的的行动对抗自然命运，这就是摧残天性。因此庄子主张一切要顺乎自然。

从这种以自然为原则的天性论出发，庄子认为人要重生轻利，不要为物所役，只有养其寿命的人才是通道者。况且人生短暂，犹如白驹过隙，又是那样痛苦，所以看透了人生，对待生与死也就无所谓了。看破一切，就能做到精神上的解脱，从而不被物所累。因为万物包括人在内都是不能胜“天”的，自然而然，便能得到自由。

但是人毕竟不能离开现实生活，怎样才能既能入乎其内又能出乎其外呢，只有一个办法，就是通过修养来达到“上与造物者游，而下与外死生、无始终者为友”的境界。达到这一境界的方法是“心斋”与“坐忘”。经过“心斋”与“坐忘”就能达到与“道”合一的境界，这是一种精神极度自由的状态。

庄子是先秦时期把“人”作为一个独立的个体进行全面思考的思想家，其对人生的思考以及其对个体存在的价值和独立人格的思考，显示出超时代的思想魅力。

《庄子》最后一篇叫《天下》篇，是中国学术史上第一篇学术史论文，是每个研究中国学术的人都应该注意的文章。《庄子·天下》篇把春秋战国时期的学术思想做了一个总结，对当时的墨家、名家、道家等作了论述。且对诸子之学与此前的传统文化进行对比研究，在中国学术史上占有重要的地位。

《庄子》优美的文笔也使其成为文学名著，吸引历代文人诵读，《庄子》是中国散文的代表作品，人们常用“汪洋恣肆”来形容庄子的散文。我们现在许多常用的成语和典故就来自《庄子》，如“朝三暮四”“学富五车”“邯郸学步”“亦步亦趋”“螳臂挡车”“化腐朽为神奇”“沉鱼落雁”“东施效颦”“得意忘形”“相濡以沫”等等。《庄子》在文学史上占有非常重要的地位，对后世中国文学影响深远。

《庄子》继承了《老子》的思想，成为战国时期道家的代表作品，对后世中国思想文化产生了深远的影响。魏晋时期，《庄子》与《老子》《周易》合称“三玄”，成为当时玄学家的主要经典。到唐代以后，儒、道、佛三教鼎立，《庄子》成为道教的重要典籍，庄子本人也被尊称为南华真人，《庄子》一书也被称为《南华经》。

现在通行的《庄子》注本是清代郭庆藩的《庄子集释》和王先谦的《庄子集解》，今人陈鼓应的《庄子今注今译》也颇为流行。

《墨子》——兼爱非攻的宣言

《墨子》一书是墨家学派的著作汇集，旧题墨子撰。墨子（约前480—前420），名翟，战国初年人，墨家学派的创始人。墨子是手工业者出身，具有手工业生产技能，会制造器械，熟悉社会底层人的生活状况，自称“贱人”“北方鄙臣”。墨家学说虽受到儒家的影响，但又反对儒家的学说，主张兼爱、非攻、尚贤、尚同、节用、节葬、非乐、非命、天志、明鬼等。墨家学派还有着宗教的热情和坚强的组织以及果敢的行动。与普通百姓的感情很深，在当时影响特别大，与儒家并称为当时的“显学”。

《墨子》一书是墨子的弟子们根据墨子平日讲学的内容编纂而成，是有关墨家学说的汇编，现存五十三篇。《尚贤》

《尚同》《兼爱》《非攻》等篇各分上、中、下三篇，各篇的上、中、下三篇内容大同小异。《经上》《经下》《经说上》《经说下》《大取》《小取》为后期墨家的作品，通常称之为《墨经》，在自然科学方面有较大的贡献。《备城门》以下十一篇，介绍了有关兵器的制造和防守作战的知识，为墨子门徒所作。综观全书，内容丰富，常引古书为证，或举历史事实为例，从而保存了不少有用的史料。研究墨子的思想，多以《尚贤》以下三十五篇为主要参考资料。

《墨子》中的《兼爱》《天志》等篇反复提倡“兼相爱”“交相利”。这是墨子的基本主张。墨子认为当时诸侯国之间的战争，人与人之间的争夺，成为天下的大害，而战争与争夺的根源在于缺乏“兼爱”的精神。墨子站在弱者、寡者、贫贱者的立场上批判现实。墨子主张“爱无差等”与“爱无薄厚”。反对攻伐战争，站在劳动者的立场上揭露战争的危害，并组织墨家集团参加反对攻伐战争的实际活动，发明过多种守城器械，以进行防御战争。

墨子主张实行贤人政治。认为国家由贤良之人治理，便能富裕、安定。墨子把“众贤”“进贤”“使能”作为实行贤人政治的三个基本环节。给贤良之人丰厚的物质待遇，高贵的社会地位，敬重他们的才能，表彰他们的成绩，造成一个鼓励贤能之士成长的社会环境，使他们得到民众的尊重和信任，并且给他们以与职责相应的权力，使民众畏惧他，服

从他。

墨子明确承认上帝、鬼神的存在和主宰作用，但他以“天志”衡量统治者的刑罚政令，也就是以他的“兼爱”学说衡量是非。墨子提出了检验真理的三条标准，称为“三表法”。第一条是推究来历，看言论与历史经验是否一致。第二条是考察实际情形，看言论与百姓的耳目见闻是否一致。第三条是检查言论的实际效用，依照理论制定刑罚教令加以实行，看它的社会效果如何。墨子提出的检验真理的三条标准，表现出唯物论的特色。

墨家学派有前后期之分，后期墨家的传承情况不详，有分为两派或三派之说。它对前期墨家的社会伦理主张多有继承，其成就尤其表现在认识论、逻辑学方面。后期墨家的思想学说主要保存在《墨子》一书中的《经上》《经下》《经说上》《经说下》《大取》《小取》等篇中。后期墨家除肯定感觉经验在认识中的作用外，也承认理性思维在认识中的作用，对前期墨家的经验主义倾向有所克服。它还对“故”“理”“类”等古代逻辑的基本范畴作了明确的定义，区分了“达”“类”“私”三类概念，对判断、推理的形式也进行了研究，在中国古代逻辑史上占有重要地位。后期墨家对自然科学，如力学、光学、数学等方面的知识也进行了总结。其在科学理论方面所达到的成就，先秦其他诸子无法企及，正如梁启超在《墨经校释·自序》中所言：“在吾国古籍中欲求与今世所谓科学精神相悬契者，《墨经》而已，《墨经》而已矣。”

汉代儒学定于一尊，墨学遭到压抑，长期被世人忽略。清代以前，《墨子》一书只有晋人鲁胜和宋人乐台作过注，也都失传。《墨子》本文因被收入《道藏》保存下来。近代开始，《墨子》受到重视，出现许多注本，清代毕沅的《墨子校注间诂》是两千年来对《墨子》全书第一次进行校勘整理的注本。清代孙诒让《墨子间诂》，吸收毕沅以后学者对《墨子》研究者的成果，是现在的通行注本，此外，谭家健、孙中原的《墨子今注今译》也较为流行。

《商君书》——先秦法治理论的宣言

《商君书》，也称《商君》《商子》，是战国时商鞅及后学的著作，成书于战国末年。《汉书·艺文志》著录《商君》二十九篇，今存二十四篇，还有《刑约》一篇只有目录没有内容。《商君书》全书贯穿着提倡“耕战”的法家主张。《更法》《开塞》等篇反映其“治世不法古”的历史观。《定分》等篇反映其“以实定名”的认识论。

商鞅，或称公孙鞅，也称卫鞅，是卫国公室的后代，商鞅曾担任秦孝公的大臣，是战国时期最伟大的改革家之一。商鞅对秦国统一天下，建立帝国做出了巨大的贡献。

商鞅有关理论的主要目的是要富国强兵，而且他认为富国之本，在于农业。商鞅认为官爵是统治者用以鼓励老百姓的主要工具。统治者应该用这个工具鼓励老百姓务农备战。务农是主要的，务农就能备战，备战就在务农之中。如果百姓是能够很好地生产的农民，那他也是能很好打仗的士兵。

商鞅以农战为目标，以赏罚作为督促百姓实现这个目标的手段，把老百姓组织起来了。这种组织是在破除宗法的基础上建立起来的，这比以宗法为基础的组织紧密得多，坚强得多，这就使秦国在战国中后期成为当时最强大的国家，为秦始皇统一中国奠定了基础，创造了条件。

《商君书》现在通行的版本有严可均校的《商君书》、蒋礼鸿的《商君书锥指》。

《公孙龙子》——“白马非马”的辩论

公孙龙（约前319—前252），战国时期赵国人，是名家“离坚白”派的著名代表人物。公孙龙曾深受平原君的赏识，并在其门下做客卿长达二十多年。

《公孙龙子》是先秦名家流传至今的唯一一部著作。《汉书·艺文志》著录《公孙龙子》十四篇，今天通行的本子为六篇，其中《白马论》《指物论》《通变论》《坚白论》《名实论》五篇，学界多认为是公孙龙的作品。《迹府》一篇，学人多认为是后人辑录公孙龙的零散事迹而成。

《指物论》奠定了公孙龙辩学的理论基础，是全书最重要的一篇。《指物论》有以下几个要点。(1)“物莫非指，而指非指”，就是说万物都是某些属性的总和，而定于万物的属性并不是这些属性自身。(2)“指也者，天下之所无也。物也者，天下之所有也”，就是说抽象的属性是不能被感知的，而物是可以感知的。(3)“指者天下之所兼”，就是说抽象的属性能够自己转变为具体的物的属性，为万物所兼有。(4)“使天下无物指，谁径谓非指？天下无物，谁径谓指？天下有指无物指，谁径谓非指，径谓无物非指？”这就是说要认识事物的本质，是离不开事物的具体属性的。《指物论》在事物及其属性的关系，以及个别与一般的关系问题上表现出较高的理论水平。

“白马非马”是公孙龙子的著名辩论命题之一。他认为“马”是用来命名形状的，“白”是用来命名颜色的。命名颜色的概念是不能用来命名形状的，所以说白马不是马。他说如果是要马，黄的、黑的都可以；但如果是要白马，那么黄的、黑的就不可以了。白马是白与马的结合，白不是马，所以白马也不是马。公孙龙强调个性与共性的区别，但他把这种区别绝对化，从而不承认二者之间的联系，这是错误的。

“离坚白”也是公孙龙著名辩论命题之一，与“白马非马”辩论模式有相似性。一般人们把一块白色坚硬的石头称为“坚白石”，但公孙龙不这样认为。他认为白色是用眼睛看出来的，坚硬是用手触摸得知的。用眼睛看不到石头的坚硬，用手也摸不到石头的白色，所以只有坚石、白石，而没有坚白石。公孙龙认为事物的形、色等性质是互不相关的，从而把统一事物内部的各种属性割裂开来。并且认为事物的属性也可以脱离事物而独立存在，这样便走向了错误。

《通变论》是公孙龙对变化的研究，他提出的基本命题是“二无一”，认为一种属性与另一种属性相加为“二”，不承认不同事物的结合可以产生出新事物，但他又认为“二”之中不再包含原有组成事物的属性，所以说“二无一”，其实质是不变论。

战国时期，各家各派都讨论“正名”问题，公孙龙从逻辑学的角度去研究这一问题，《名实论》便是其对“正名”问题的看法。《名实论》确定“名”“实”等基本逻辑概念，并提出了“正名”的标准，即认为一个事物只能有一个与之相应的名称，一个名称只能有一个与之相应的事物。

公孙龙的辩学对古代逻辑思维的发展产生了一定影响，尤其是其区分共性与个性的差别，体现出其辩学的精华，但其将这种差别绝对化，否认二者间的联系，又反映出其辩学的不足。

宋代谢希深《公孙龙子注》是《公孙龙子》现存最早的

注本。清代陈澧《公孙龙子注》，近人王琯的《公孙龙子悬解》，今人庞朴的《公孙龙子译注》，也较为流行。

《孙子兵法》——中国最早的兵书

《孙子兵法》，一般认为是孙武或其后学所作。孙武，字长卿，春秋末期人，生卒年不详，出身将门家庭，曾任吴国大将。

《孙子兵法》是中国最早的兵书，也是世界最早的兵书，全书共十三篇。《计》篇讲出兵之前的决策，古人认为，必先有胜算，然后才出兵，这就是通常所说的“先计而后战”。《作战》篇讲野战的基本原则就是速决和通过夺取敌人的给养装备而补充自己。《谋攻》篇讲的是在攻城中不专以武力，而是讲求智谋，通过使用各种非武力手段使守敌投降。《形》《势》两篇讲决定战争胜负的两种最基本的因素，即“形”与“势”。“形”是指客观实际情形，“势”是指主观性的因素。《虚实》篇讲如何在一定的地点上形成敌弱我强的局面，最后战胜敌人。《军争》篇讲如何夺取战争的先机。《九变》篇讲军队首领根据实际情况采取相应的战略战术。《行军》篇讲行军中的宿营和侦察敌情的内容。《地形》篇讲了六种不同地形的作战要求。《九地》篇讲了九种不同环境下的作战要求。《火攻》篇讲用火助攻的内容。《用间》讲了使用间谍的情况。

《孙子兵法》提出决定战争胜负的五个最基本的因素是道、天、地、将、法，就是指政治、天时、地利、将帅、法制。包括了自然因素和社会因素，也包括了指挥者的素质和士兵的素质。要做到百战百胜，就要知己知彼，即对战争双方的客观实际有清醒的认识。这包括以下五个方面：第一，对战争持慎重的态度。战争是关系着国家存亡、百姓生死的大事，所以只有在确定有把握取胜的情况下才可以作战。第二，要掌握敌我双方兵力数量，按照数量的对比关系采取相应的作战方法。第三，将士一致，君臣一致才可以进行战争，否则将导致战争失败。第四，要在战争中取胜，不但要有物质准备，还要有周密的谋划。第五，战争中，将领的作用非常大，因此选将的条件也非常高，一旦任命，就应给予将领足够的权力，正所谓“将在军，君命有所不受”。

《孙子兵法》包含着丰富的辩证法思想，提出了战争与政治、经济的辩证关系，论述了战争中一系列矛盾及其相互依存和转化的关系，同时也重视战争中发挥人的主观能动作用。

《孙子兵法》在我国军事史上具有举足轻重的作用，其思想对中国历代军事家、政治家产生了深远的影响，在国外也受到高度重视，其文被译成英、日、法、德、俄等十几种文字，广泛流传，享有“兵学圣典”的美誉。

《孙子兵法》的主要注本有：《孙子十一家注》，是三国以下古代人所作注解的汇集，十一家分别是曹操、李筌、杜佑、杜牧、王皙、张预、贾林、梅尧臣、陈皞、孟氏、何氏。近人杨柄安的《孙子集校》、郭化若的《今译新编孙子兵法》也较为流行。

《孙膑兵法》——尘封千年的兵家宝典

出土的《孙膑兵法》，学界一般认为是孙膑弟子在孙膑的著述、言论的基础上辑录而成。孙膑相传为孙武的后代，战国齐国人，曾和庞涓一起学习兵法。庞涓做了魏国的将军，派人把孙膑请到魏国，但其嫉妒孙膑的才能，陷害孙膑，给其施用“膑刑”，即去掉膝盖骨，因此人们叫他孙膑。孙膑后来逃离魏国，到了齐国，得到齐威王的重用，做了齐国的将军，策划了著名的围魏救赵的桂陵之战，并在马陵之战中大败魏国，令庞涓自杀。孙膑是战国时期著名的军事家，

《孙膑兵法》为了与孙武的《孙子兵法》相区别又称为《齐孙子》。在我国古代，孙膑与孙武都称为孙子，关于两人的生平及其著作情况，《汉书·艺文志》载：“《吴孙子兵法》八十二篇，图九卷。《齐孙子》八十九篇，图四卷。”吴孙子就是孙武，齐孙子就是孙膑。但一直以来，孙武及其《孙子兵法》是历代政治家、军事家研究的重要著作，而对于孙膑

其人及《孙膑兵法》历来有不同的说法，原因是《孙膑兵法》曾一度失传。因为人们没有看到《孙膑兵法》，所以有的人认为历史上或许根本就没有孙膑这个人，或者孙膑与孙武就是一个人。《孙膑兵法》在历史上也不存在，也有人认为是伪书。1972 年，在山东临沂银雀山一座西汉的墓葬中，出土了《孙子兵法》《孙膑兵法》以及《六韬》《尉缭子》等先秦兵书。失传了近两千年的《孙膑兵法》出现在世人面前，从而结束了历史上长期关于孙膑及《孙膑兵法》的争论。

《孙膑兵法》出土后，整理小组编成《孙膑兵法》一书，由文物出版社出版，有两版本。第一种是1957 年出版的《孙膑兵法》，收录 30 篇，分上、下编，共计六千余字。第二种是 1985 年出版的《孙膑兵法》，把原来下编的 15 篇全部删除，保留上编 15 篇，又增加了一篇《五教法》，全书共 16 篇。这两种收录不同，主要是因为简文的整理受到形式、思想等多方面因素的影响。上编可以明确肯定属《孙膑兵法》的内容，而下编是否能归于《孙膑兵法》，学界还有争议，所以才出现两种版本的《孙膑兵法》。

《孙膑兵法》继承了《孙子兵法》的精华思想，总结和吸收了战国前期战争经验，是我国军事著作中的典范之作。在对待战争的问题上，《孙膑兵法》认为战争是不可避免的，如历史上的“五帝”“三王”就是用战争的手段消除割据、平息叛乱，从而实现了统一。主张以正义战争制止非正义战争，从而实现国家统一。《孙膑兵法》提出“必攻不守”的思想，坚决打击敌方防守薄弱或毫无防备之处，达到消灭敌人的目的。《孙膑兵法》非常重视根据敌我双方的态势，以及天候、阵法等方面条件，采取灵活多样的作战方法，达到克敌制胜的目的。孙膑充分认识到人的作用和地位，提出“间于天地之间，莫贵于人”的论断。孙膑的军事思想中充满了唯物辩证思想的因子。

《孙膑兵法》的整理本有银雀山汉墓竹简整理小组分别在1975年、1985年出版的《孙膑兵法》可参考，二者在收录篇目上有不同。此外，张震泽的《孙膑兵法校理》、傅振伦的《孙膑兵法译注》也较为流行。

《管子》——综汇百家的学术巨著

《管子》是一部在战国时期影响很大，流传极广的书。韩非子曾说：“今境内之民皆言治，藏商、管之法者家有之。”（《韩非子·五蠹》）到了汉代，《管子》就有残缺、错简以及不同抄本出现的情况。刘向最后校定为八十六篇，今天通行的《管子》就是刘向校定的本子，但其中十篇有目录而无内容，实存七十六篇。

《管子》托名管仲所作。管仲，名夷吾，春秋齐国颖上

人，辅佐齐桓公称霸，是我国著名的政治家、军事家。尽管《管子》一书记述了管仲的思想言论，但并非全部出自管仲之手，书中有不少地方述及管仲去世后的历史。其中有些篇章可以看作是管仲的原作或管仲思想的原始记录，如《乘马》《牧民》等。根据学者们的研究，《管子》成书于战国秦汉时期，书中大部分篇章是战国时期齐国稷下学士的作品，有的篇章可能晚到西汉。

《管子》内容非常广泛，涉及经济、政治、军事、哲学、地理、天文、医学、农业各个方面。对于各种问题的论述，都特别详实精到。《管子》认为人君要治理好国家，称霸天下，具备富国强兵的条件，必须把握自然发展和人情变化的规律，以“天道之数，人心之变”为治国办事的根据，否则事物就会向反面转化。遵循天道就是要依据自然法则，这个基本观点在《管子》中是普遍得到遵守的。自然在人心的体现就是人情，在政治是非中，人情投向哪一边，便代表了人心所向，当需要战争时，人情往往是影响胜负的重要因素。

在天人关系上，《管子》阐发了“人与天调，然后天地之美生”的命题，并将这一基本观点应用于农业和生态保护上。这一思想的提出，克服了天人合一的神秘性，充分肯定了人具有可以和天协调的伟大能力，又恰如其分地阐明了自然力的不可征服。人对自然的作为是让其取得和谐与平衡，而不是无限制地攫取。

此外，《管子》一书也萌发了相互辩证法观念，诸如取和予、得和失、厚和薄、轻和重、强和弱、安和危、有限和无限等概念，包含了对立面相互转化的辩证思想。

《管子》认为凡是人，没有不想得利而厌恶受害的，但他没有因此得出性恶的结论，而是把这种现象看成是很自然的事。人要生存，从物质利益说，都必然要追求利益，避免受到损害。趋利避害是维持生命的自然需要，但人在此基础上要有高尚的精神需要，这就是《管子·牧民》所说“仓廪实而知礼节，衣食足而知荣辱”，《管子》用发展生产来满足人们的物质需要，用德礼来引导人的精神需要，用法来节制人们为了私利而危害社会的行为。

《管子》一书兼融先秦多家学派的思想，在诸子百家的著作中，是一部思想内涵丰富的著作。目前戴望的《管子校正》，郭沫若、闻一多、许维遹等的《管子集校》，黎翔凤的《管子校注》较为流行。

《荀子》——百家争鸣的集大成之作

《荀子》，汉代称《孙卿子》，题为荀子所撰。西汉刘向曾看到过三百二十二篇，删去重复的二百九十篇，编写为三十二篇。《汉书·艺文志》著录为三十三篇。现在流行的《荀子》为三十二篇，是唐代杨倞重新编录的。三十二篇中

大部分为荀子所作，有少数几篇是荀子后学的杂记。《荀子》一书主要反映了荀子的思想。

荀子，名况字卿，战国末年赵国人。荀子曾到各国游历，如应秦昭王聘请入秦，对秦国民风淳朴、政治清明有深刻印象。入赵国，与临武君议兵于赵孝成王前，游学于齐国稷下学宫，曾三为“祭酒”。荀子晚年入楚，被楚相春申君任命为兰陵令，春申君死后，荀子被免官，居于兰陵，授徒著述。

荀子特别推崇孔子、子弓，又非常重视儒家经典，主张学者以毕生的努力学习儒家经典。荀子以不当权的封建圣人自居，力图以他在学术思想领域的努力与当权者的政治活动相配合，为统一天下服务，因而成为战国思想学术的总结者。荀子对此前的战国诸子多有批判，也包括在他之前最有影响的儒者子思、孟子。

荀子提出“天人相分”的理论。它吸收道家“道法自然”的思想而否定其中消极无为的成分，吸收墨家重视实践经验的思想而抛弃其“天志”“明鬼”的主张，彻底否定了传统的天命思想，对先秦天人关系之争作了一个时代的总结，在古代思想史上占有重要的地位。荀子明确提出天是无意志的自然界。自然界有其自身固有的运动规律，并且人是不能改变这种规律的。荀子主张不与天“争职”的同时，又肯定人能利用规律，改造自然，使其为人类谋福利。

荀子在认识过程中强调“解蔽”的作用。他认为欲、恶、始、终、远、近、博、浅等方面都会蒙蔽人的认识，认识过程中如果看到一方面而忽视另一方面，看到这一部分而忽视另一部分，就会看不到真正的真理。荀子提出解除这种蒙蔽的办法是“虚壹而静”，就是要人在认识过程中排除干扰，精神专一，充分发挥人的能动性。

荀子生活于战国晚期，此时天下形势渐趋明朗。我们说荀子的性恶论是对现实的直接反映和回馈。如果人性是善，何以会出现如此多的恶？大到国家，小到百姓，恶相丛生，岂是性善能以解答？相反，在礼法等外部制约下，社会出现了些许正常与平静。人性是什么？荀子认为人性是恶，善者伪也，“伪”即是人为，是人的后天行为，所以要“化性起伪”。

既然认为人性是恶，在人身上表现出的善是后天所为，那么后天的培养对一个人来说就更为重要，所以荀子主张“隆礼重法”。荀子认为礼是起于“人欲”，由于欲望得不到满足，就产生了追求，追求如果没有一定的限度，就会发生争斗。有争斗就会混乱，混乱便成为贫困的根源。古代帝王圣人正是面对此种情况，才制定了礼，用来区别人与人之间的等级，调和人的欲望，满足人的要求，从而让社会能在一种和谐的状态下向前发展。“礼”在荀子的思想中，不仅是治国之道，也是治理国家的具体工具，同时也是人的立身之本。在具体操作过程中，荀子认为应该礼法并重，他说“治

之经，礼与刑，君子以修百姓宁”“隆礼至法则国有常”，把“法”提到了一个非常高的地位，这在先秦儒家思想中颇为少见。

荀子的思想适应了社会的发展，对后世产生了深远的影响。他的两名学生，韩非和李斯，分别在理论上和实践上继承了荀子的思想。虽然荀子的地位在古代并不是特别受到重视。宋代以后，理学兴起，荀子更遭到宋代理学家的攻击，但其思想对中国传统社会产生了重大的影响。

《荀子》的主要注本有唐代杨倞的《荀子注》，清代王先谦的《荀子集解》。近人梁启雄的《荀子简释》也较为流行。

《韩非子》——君主与法治的代表之作

《韩非子》，原名《韩子》，后人为了与唐代韩愈区别而改称《韩非子》。《汉书·艺文志》著录五十五篇，与现在通行的本子篇数相同，大部分为韩非所著。有少数几篇，如《初见秦》《存韩》《难言》《爱臣》等篇，是否为韩非著作，学界还有不同的看法，总之，《韩非子》是研究战国末年韩非思想、法家思想的主要参考资料。

韩非（前280—前233），出身于韩国贵族世家，是韩国的公子。他看到韩国国势日趋衰落，曾上书韩王建议变法图强。韩非的建议未被采用，退而著书立说。他的著作《孤愤》《五蠹》等传到秦国，秦王嬴政读后大加赞赏。公元前233年秦攻韩，韩国派韩非出使秦国。韩非到秦国后不久，便遭到李斯、姚贾的陷害，死于狱中。

韩非的学说以专制主义中央集权的政治理论为中心，强调君主把法、术、势三者结合起来，缺一不可。韩非完整的法治理论，代表先秦法家政治思想发展的高峰。

在韩非的法治思想中，非常重视赏、罚作用。他主张信赏必罚，赏罚的唯一依据是法律，并且主张厚赏重罚。韩非的政治思想是与其人性论相关的。作为荀子学生的韩非，继承了他老师的性恶论，认为好利是人的本性，人际关系唯有物质利益是真实的，儒家所推崇的仁义道德全是虚伪有害的，因此韩非在政治方面推崇暴力和权术。

富国强兵是法家的一贯理想，韩非也不例外。为了实现富国强兵的目标，韩非提倡"耕战"，提高从事耕战者的社会地位，把不从事耕战的人斥为社会害虫，同时禁止法家以外的一切学派活动。

韩非认为历史不是永恒不变的，而是不断进化的，并且主张厚古薄今，这也成了韩非推行变法的根据。韩非认为在古代即使丈夫不耕，妇人不织，也不会出现"民争"的状况，而当今虽加重赏罚的力度，仍然不能杜绝"民争"的现象。之所以这样，是因为在古代人民少而财富有余，所以民不争；现在是人民众而财富寡，所以民争。韩非认识到人口与社会的关系，在古代堪称卓识。韩非主张用“参验”的方法判别认识的是非真伪。“参”就是参照比较，“验”就是检查验证，而检验的标准，在韩非看来就是“功用”。

韩非的法治思想是战国社会发展的产物，适应了当时中国走向统一的历史趋势，但其主张实行暴力，崇尚权术，抑制工商业，实行文化专制，对当时的社会及以后的中国文化都产生了深远的影响。

《韩非子》的主要注本有清人王先谦的《韩非子集解》。此外，近人陈奇猷的《韩非子集释》，梁启雄的《韩非子浅释》也比较流行。

《吕氏春秋》——贯通百家的总结性专著

《吕氏春秋》，也称之为《吕览》，战国末年秦相吕不韦集合门客编著，被认为是杂家的代表作。这部书是先秦时期的最后一部文献，也是先秦文献中唯一不存在真伪问题的文献。全书内容丰富，史料价值较高。全书由《八览》《六纪》《十二论》构成，共二十六卷，二百六十篇，二十余万言。

吕不韦（约前290—前235），战国末年卫国濮阳（今河南濮阳）人。原为阳翟（今河南禹县）大商人。他在赵国遇见作为质子的秦公子异人，认为“奇货可居”，于是游说秦国华阳夫人，立为太子。异人继位为秦庄襄王，吕不韦便被任命为相国，封为文信侯。庄襄王去世后，年幼的秦王政继位，是为秦始皇。吕不韦继续担任相国，被尊为“仲父”。吕不韦在秦国执政时期，秦国势力更加强大。他以辅佐帝业的功臣自居，拥有雄厚的势力，门下有宾客三千人，家僮上万人。公元前 238 年，秦王政亲政。次年，吕不韦被免相，出居河南封地，随即又被迁往蜀郡，因害怕被诛，在路中饮鸩自尽。

在秦国加紧统一全国的过程中，吕不韦也开始考虑统一后如何治理国家的问题，为了这个目的，他组织众多学人编撰《吕氏春秋》。《吕氏春秋》既广博吸取又有自己的宗旨和主线，各部分之间基本上是协调的，体现了吕不韦为将要诞生的大帝国设计蓝图的政治用意。《吕氏春秋》公开申明要采集诸家之长，超出学派门户成见，将各家学说中他认为有价值的成分组织在一起，反映了战国后期与政治统一趋势相一致的文化融合的趋向。《吕氏春秋》摄取各家精华，舍弃其不足，让各家思想继续发挥作用。它虽是杂家，但具有整齐系统的特征，是中国思想史上第一部有统一体例、按预定步骤集体完成的理论著作。十二纪、八览、六论，有一个大体严整的体系，每一部分都有自己相对突出的论题，各部组合成多方面的丰富内容。全书从论天、治国到做人、养身；从政治、经济、军事，到哲学、历史、道德、音乐，凡中央集权国家所应处理的各种问题，它基本上都设想到了。

《吕氏春秋》虽然是一部有统一体例、成系统的著作，但它的思想渊源却来自先秦各家，这是它成为杂家代表作的主要原因。《吕氏春秋》多次引用《老子》，若干基本思想直接来源于老子。有的篇章陈述了老子以柔弱胜刚强、重生轻利、避祸全生的观点。对于儒家、墨家、法家、兵家、阴阳家的学说都有吸收，兼收并蓄了先秦各家思想。至于各家思想有矛盾的地方，《吕氏春秋》则按自己体系的要求予以取舍。至于《吕氏春秋》整体上偏重哪家的思想，历来有三种看法，有认为偏重于老庄，有认为偏重于儒家，有认为偏重于墨家。见仁见智，各圆其说，难下定论。

《吕氏春秋》的主要注本有：东汉高诱的《吕氏春秋注》、清代毕沅的《吕氏春秋新校注》、近人许维遹的《吕氏春秋集解》等。

《淮南子》——西汉黄老道家的理论高峰

《淮南子》又称《淮南鸿烈》，是西汉淮南王刘安主持编纂的一部著作。刘安是汉高祖刘邦的孙子，文帝时袭封淮南王。刘安好文学、鼓琴，善文章。他博雅好古，招贤纳士，天下方术之士多往归之，门下宾客达数千人。在刘安的主持下，宾客术士各竭才智，著作文章，作《内书》二十一篇，《外书》三十三篇，又有《中篇》八卷，讲神仙黄白之术，最后由刘安定稿。到东汉班固撰写《汉书·艺文志》时，《外书》与《中篇》已经亡佚，只有《内书》留传下来，这就是《淮南鸿烈》。“鸿”是广大的意思，“烈”是光明的意思，作者自诩此书所阐述的是广大而光明的道理，所以称之为“鸿烈”。

《淮南子》二十一卷，其中最后一卷《要略》，是全书的提纲及总论成书的要旨。从《淮南子》的中心思想看，它所表现的思想倾向于道家，全书从《老子》《庄子》中吸取的思想最多，如《老子》以“道”为最高哲学范畴，《淮南子》继承了老子的思想，认为道是宇宙的本体，它无所不在，无所不包。“道”也是宇宙万物的本原，万物由道化生。同时，《淮南子》对其他各家的思想也多有吸取，如书中反复称引《诗》《易》等儒家经典，又从法家学说中吸取了循名责实、以法治国、因时变法等思想，从阴阳五行学说中吸取了阴阳、五行观念作为骨架构成世界图式，显示出对各家学说的吸取。《淮南子》由于是集体著作，所以内容也十分庞杂，几乎包罗万象，无所不有。全书的学术思想来源也显得很庞杂，是多元的。在行文叙事上有的地方也显得错乱矛盾，风格多样。刘安显然是站在道家的立场上，想用道家思想来会通诸子，但他未能充分消化诸子、把各家各派的意见融会贯通，结果就使《淮南子》显现出“杂家”的面貌。

《淮南子》的宇宙生成论从道出发，把先秦道家关于

“道化生万物”的思想与阴阳学说结合起来，对宇宙的形成提出了系统的看法。《淮南子》在说明宇宙形成过程中排除了神的作用，与神学目的论对立。它用阴阳学说说明万物的产生和发展，把宇宙演化看成自然发展过程。但又用“同气相感”说明天象运行与社会治乱有关，认为天象能预示人间祸福，人事能影响天象。

《淮南子》提出形、神、气为生命三要素的学说，认为形体是生命的基础，精神是生命活动的支配者，血气是为生命输送能量的无形的流动体。三者具备，人才能有体力、视力、听力，才能识别黑白，分别美丑是非。三种要素配合适宜则生命旺盛，如果其中一种要素失调则三者皆受到伤害。

《淮南子》承认客观规律和客观真理，提倡不断积累知识技能。它认为事物的性质具有多样性，任何事物都有可贵可用之处。同时，任何事物都有其主要性质，认识事物性质应当抓住主要性质，要注意认识相反事物的依存和转化。《淮南子》的这些思想表现出较强的辩证因素和理性主义。

在历史观方面，《淮南子》提出“事”与“道”的概念。“事”指每个时代的事物，包括典章制度、治国方略、伦理规范和风俗习惯。“道”指社会历史生活的规律性，它是作为宇宙总规律的“道”的一部分。在“事”与“道”

的关系上，《淮南子》认为，“事”是变化的现象，“道”才是不变的本质，并从“事”的方面肯定人类物质文明是进化的，与韩非的历史进化观一脉相承。但其从“道”的方面则认为人类精神文明是退化的，赞扬远古时代人类精神的质朴，批评近世人性的虚伪。

《淮南子》主要注本有：刘文典的《淮南鸿烈集解》和刘家立的《淮南集证》。

《春秋繁露》

——西汉“天人感应”的理论基石

《春秋繁露》，西汉董仲舒撰。《汉书·董仲舒传》载：“仲舒所著，皆明经术之意，及上疏条教，凡百二十三篇。而说《春秋》事得失，《闻举》《玉杯》《蕃露》《清明》《竹林》之属，复数十篇，十余万言，皆传于后世。”可见《蕃露》本是篇名。《春秋繁露》之名始见于晋葛洪的《西京杂记》。《春秋繁露》自隋唐以来流传82篇，今缺第三十九、四十及五十四篇。其中说《春秋》的共有16篇，讲天道阴阳五行的32篇，其余为讲郊祀及其它内容。

董仲舒（前179—前104），广川（今河北景县董故庄）人，西汉哲学家、今文经学的著名大师。少年时专门研治《春秋》，尤其钟情于《春秋公羊传》。景帝时为博士，潜心钻研孔子学说。曾任江都（今江苏扬州）相和胶西王（今山

东高密西南）相。汉武帝时，召试天下贤良文学之士，他先后三次应召对策，进献著名的“天人三策”，建议罢黜百家独尊儒术，被汉武帝采纳。

《春秋繁露》是董仲舒的政治哲学著作，推崇《春秋公羊传》，发挥“春秋大一统”之旨，阐述了以阴阳、五行为骨架，以天人感应说为核心的哲学——神学理论，宣扬“王道之三纲可求于天”的赤黑白三统循环的历史观，为汉代中央集权的封建统治制度的建立奠定了理论基础。

在天人关系上，恢复了宗教神学的“天人合一”思想，并歪曲利用当时一些自然科学成果，提出更加系统的宗教神学世界观——“天人感应”思想。他认为天人之间存在着一种神秘的联系，天主宰人事，人的行为也能感动天。自然界的灾异和祥瑞表示着对人们的谴责和嘉奖，人的行为能够使天改变原来的安排。这种“天人感应”的思想在历史上早已出现，但董仲舒对它作了系统的论证。

使阴阳五行伦理化，这是“天人感应”说的重要内容。董仲舒把五行之间的关系歪曲附会成为父子、君臣关系，把养生送死的孝道和竭力事君的忠道强加于五行。为了论证神灵之天主宰人类社会，君主必须依照天意行事，董仲舒提出“人副天数”的原理，认为人是天的副本或缩影，人的形体和精神都来源于天，与天相类似。在形体方面，他作了许多比附，如说天有四时，人有四肢，天有五行，人有五脏，天圆地方所以人头圆脚方等等。

董仲舒的“天人感应”思想给王权加上了一层天意的神圣色彩，后来与谶纬迷信合流，产生了极为深远的消极影响。但其也有积极的一面，就是“天人感应”思想具有监督政事，限制君权的意义，他企图用天意来约束君权，以天意监督政事。

在人性论上，董仲舒综合发展了孟子、荀子的人性论，把人性分为三等，即“圣人之性”“斗筲之性”和“中民之性”。他认为“圣人之性”是先天至善的，不必教化；“斗筲之性”是先天至恶的，不可教化，所以两者都不是研究的主要对象。大多数人属于“中民之性”，既不是至善，也不是至恶，而是有善的因素，而未能表现出善的行为。在“天人感应”思想体系中，人是天的副本，人的一切都是源于天，人性也来源于天，董仲舒对人性如何从天命而来，作了详尽的阐述。

在“天人合一”的思想体系里，天的本质决定人的本质，天的意志主宰人类社会，所以董仲舒把伦理准则归于“天意”。他通过神秘化的阴阳五行学说来说明三纲五常是出自于天。他断定阴阳之间的关系是“阳尊阴卑”“阳贵阴贱”，并且他认为君臣是天地关系，夫妇是阴阳关系，父子是四季关系，而天地关系和四季关系也是阴阳关系，因此君为臣纲，父为子纲，夫为妻纲是永恒不变的“天意”。董仲舒的“三纲”说强化了家族的宗法统治和封建君权，把孝和忠绝对化。

董仲舒的《春秋繁露》为公羊学的一部重要著作，不论是对研究董仲舒的思想，还是研究古代社会儒家正统思想的形成和发展，都具有重要的参考价值。

《春秋繁露》的主要注本有：清凌曙的《春秋繁露注》，苏舆的《春秋繁露义证》。

《风俗通义》
——了解汉魏间社会习俗的重要资料

《风俗通义》，简称《风俗通》，东汉应劭著。应劭，字仲瑗，东汉汝南郡南顿县（今河南项城县）人，出生于官僚世家，祖、父辈皆为官。他凭借先世的权势，在灵帝初年，举为孝廉，曾任泰山太守。黄巾军进入泰山时，遭到应劭的镇压。曹操父亲和弟弟进入泰山境内，遭到陶谦的袭杀，应劭怕受到牵连，便弃官投奔袁绍，作了袁绍军谋校尉。此后一直没有离开冀州，死于邺地。应劭一生著述丰富，著书达 11 种之多。他特别熟悉两汉的典章制度，受到后人的推崇。

应劭所处的时代，是个动乱的年代。作为国家最高权力的皇帝丧失了控制国家的能力，各地起义不断，《风俗通义》对当时社会局面有所概括。面对东汉末年的这种局面，有不少人企图使东汉政治从危机中解脱出来，应劭就这这样的人物之一。他镇压黄巾起义，撰写《风俗通义》。应劭写《风俗通义》的目的是用当时的正统思想来整齐风俗，使全社会的人心俱归于正。在他看来，为政最要紧的事是政俗。因此他想通过辨正物类名号，解释时俗嫌疑，缓和当时尖锐的社会矛盾，稳固东汉政权的统治秩序。

《风俗通义》原书 23 卷，现存 11 卷，分别为《黄霸》《正失》《衍礼》《过誉》《坂》《声音》《穷通》《祀典》《怪神》《山泽》以及附录一卷。

虽然应劭的《风俗通义》并没有达到作者期许的效果，但其价值是不容忽视的。中国历朝历代都特别强调移风易俗的作用，汉代设有风俗使，常分赴全国各地，览观风俗。国家重视移风易俗，以期达到潜移默化的教化目的。《风俗通义》许多记载东汉社会风俗的内容，透露了当时的社会矛盾。书中有反映制度典章的记载；有关于乐器的专篇论述；有对山河薮泽的记载；也有神异鬼怪的记载。总之，《风俗通义》内容涉及范围广泛，从多个侧面展示了当时的社会生活状况以及当时的思想文化面貌，是研究汉代风俗的第一手资料，十分珍贵。

目前，吴树平的《风俗通义校释》和王利器的《风俗通义校注》较为流行。

《论衡》

——一部揭露虚妄不实，讲求实事求是的杰作

《论衡》，原85篇，现存84篇，缺《招致》一篇，东汉王充著。王充（27—约100）字仲任，会稽上虞（今浙江上虞）人。祖父辈以农桑为业，也做商贩之事，家族世代豪侠任气。王充做过著名学者班彪的学生，一生著作多种，如《论衡》《养性之书》《讥俗之书》《政务之书》等，但流传至今的只有《论衡》一书。

王充生活的时代，谶纬神学和天人感应学说大盛，他著作《论衡》揭露经学和谶纬的虚妄，希望得到东汉王朝的重视。书中所论，上及天文，下涉地理，包罗万象。

《论衡》认为天是没有意志的自然物体，不能有意识地创造万物和人类。万物和人类产生于天地之间，是天地施气的结果，而天地施气是一种自然现象，不是有目的有意识的活动。自然界和人类社会各自有其自身的规律，当时社会宣扬的那些符命、灾异等现象，是偶遇的巧合现象，不是天人感应的表现。

《论衡》认为人类生命现象的实质是阴阳二气，阴气形成人的骨肉，阳气形成人的精神，精神依附于形体。阴阳二气未结合成为人时是没有知觉的，结合成人时才产生知觉。生命死亡时，精神升天，骸骨归土，重新还原为没有知觉的气。王充从形体和精神的关系方面论证了人死不为鬼，鬼神是根本不存在的。人们常说的看到鬼神是因恐惧、存想产生的幻觉。

汉代盛行许多成仙的方术，如飞升、尸解、辟谷、食气、服药等等，还有许多成仙的传说。《论衡》否定人可以不死，揭露了种种神仙方术的骗局，指出凡是生命都会死亡。在社会治乱问题上，《论衡》重视物质生活的作用，反对君主个人决定社会治乱的观点，但其把治乱的最终原因归结为“时数”“国命”，认为社会治乱的根本原因在于“天”“时”，也就是自然界的规律。这样的认识无形中排除了人事在社会治乱中的作用。

《论衡》在反对神学迷信和解释自然与社会现象的过程中，提出了“效验”的认识方法。其主要内容是，(1)“任耳目以定情实”，就是运用耳目感官去了解事情的原委真相。(2)“引物事以验其行”，就是用实际事物检验言论的是非，用办事的效果检验行为的得失。(3)“揆端推委，原始见终，从闾巷论庙堂，由昭昭察冥冥”，就是运用类比推论的逻辑方法，不能上下相违，前后矛盾。(5)“不学不成，不问不知”，就是通过学习、问疑获得新认识。(6)“事有不可知”，“及其知之，用不知也”，就是当实据不足，不能作出判断时，不要强不知以为知。(7)注重分析“虚妄”现象产生的根源。王充在《论衡》中所说的认识方法，贯穿着一个基本精神，就是实事求是。他把感觉经验放到首要地位，从事实出发，运用类比推理从已知到未知，由此及彼，由现象进入本质。

《论衡》不仅是研究王充思想的主要参考资料，也是研究汉代政治史、社会史的重要参考资料，但其在古代一直没有受到重视，没有注释。

近人的注释中黄晖的《论衡校释》、刘盼遂的《论衡集解》、马宗霍的《论衡校读笺识》较为流行。此外，陈薄清、梅季点校注译的《论衡注译》是近年来较好的译注本。

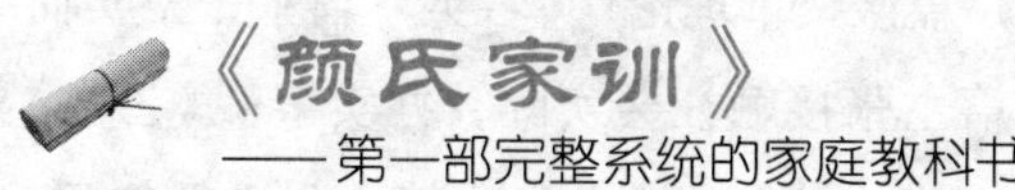

《颜氏家训》
——第一部完整系统的家庭教科书

颜之推（531—约 590）字介，琅邪（今山东临沂北）人。南北朝时期杰出的学者、文学家。颜之推的一生，正值我国南北分裂、割据的时代，北方一直处于少数民族的统治之下，经历北齐代东魏，北周代西魏，北周灭北齐，隋代北周等变故。南方经历了梁、陈两个政权的更替，虽暂时偏安东南一隅，但也遭受了侯景之乱，西魏攻陷江陵，隋灭陈等大的事变。在这几十年的时间里，南北统治者互相攻伐，兵祸不断，百姓陷于水深火热之中，这些都对颜之推的思想有影响。作为一个士族子弟的颜之推，早传家业，知书达礼，却遭遇乱世，饱经忧患，性命几乎不保。他特定的身世经历，铸就了他特定的思想性格，这些在《颜氏家训》一书中有比较充分的反映。

《颜氏家训》内容广泛，除《序致》一篇主要谈著作《家训》的宗旨外，其余19篇分别谈某一方面的具体问题。大致而言，《教子》篇谈如何教育子女；《兄弟》篇谈如何处理兄弟关系；《后娶》篇谈男子续娶及非亲生子女问题；《治家》篇谈如何治理家庭；《风操》篇谈在避讳、称谓、丧事等方面所应遵循的种种礼仪规范，并评论南北风俗时尚的差异优劣；《慕贤》篇谈对待贤才应持的正确态度；《勉学》篇谈学习问题；《文章》篇谈文章理论；《名实》篇主张崇实而不务虚名；《涉务》篇主张接触社会实际，办实事；《省事》篇主张用心专一，不作非分之想；《止足》篇主张少欲知足；《诫兵》篇反对文人参预军事；《养生》篇谈养生之道。以上15篇内容涉及个人在立身、治家、处世等方面所应遵循的儒家伦理道德规范。除此之外，《归心》篇为佛教章目；《书证》《音辞》两篇考证古书，涉及文字、音韵、训诂、校勘等方面的知识；《杂艺》篇讲书法、绘画、射箭、算术、医学、弹琴、卜筮、棋博、投壶等各种杂艺，都属于比较专门的问题。总的来说，虽然全书涉及内容广博，但大体不脱离儒家思想的轨道。

《颜氏家训》作为一本在古代流传较广、影响较大的著作，在许多方面都有其重要价值。书中所阐述的儒家伦理思想，有许多在今天仍有其现实意义。家训的意义在于使子孙能够继承先辈的事业，保住既有的社会地位，所以要求子孙恪守当时的社会统治思想——儒家思想所包含的各种伦理道德规范，加强自身修养，以此来立足于社会。儒家的伦理思想，虽然有不少消极因素，但也包含了许多能体现中华民族美德的积极因素。《颜氏家训》对当时社会生活的各个方面多有生动详尽的记述，为我们窥见当时社会的世风习尚，提供了有用的资料。

今人王利器的《颜氏家训集解》是目前较为流行的注本。

《正蒙》——为天地立心、为生民立命、为往圣继绝学、为万世开太平

张载去世之后，由其弟子苏昭昞编定而成《正蒙》。张载（1020—1077）字子厚，生于仕宦家庭，祖先大梁（今河南开封）人，年幼时父亲卒于涪州任上，于是侨居凤翔府眉县横渠镇（今陕西省眉县横渠乡），人们称其为“横渠先生”。张载 38 岁登进士第，曾任参军、县令等一类小官，后得到宋神宗的赏识被授予崇文院校书，但因与王安石言语间多不合，逐渐引起王安石的反感，遂借故把张载调出朝廷。此后，张载再次应召入朝，但与礼院长官意见不合，再次辞职归隐，途经临潼，病情突变，死于骊山之下。

《正蒙》是张载哲学思想的最终归结，可以代表他一生最典型的思想。现存《正蒙》17 篇，每篇各有研讨的侧重

点。首篇《太和篇》，开明宗义地阐述了天人万物、阴阳动静之理，讨论了“天道”的问题。《参两篇》从一物两体入手讨论天地变化之理，以为天地日月五行本于一而通极于万变，从而得出万物一源的结论，认为能看到的是已经生成的天地日月五行的有形的“象”，看不到的是天地日月万物之源，即“天道”。《天道篇》讲述因天道而推出圣德，从而得见圣人之学。圣人有“天德”而具有“天地之道”，因此圣人设教天下服从。《神化篇》讲述以天德为神、天道为化；存神顺化可致天德良能。因此，圣人存神顺化乃至德盛仁熟，可闻性与天道而制作礼乐。《动物篇》讲述了天人、天物合一的理论，还讨论了梦寐与现实的关系。《诚明篇》提出“诚”的概念，是继承了《中庸》思想而讨论的一个极为重要的概念。此篇从人的角度阐发穷理尽性的重要意义，认为顺性命之理，就可得性命之正，反对“灭理穷欲”。《大心篇》从学者穷理尽性以明天道入手，强调圣人尽性，并批评了佛教“心法”的学说。《中正篇》是在《大心篇》的基础上，进一步论述学者穷理尽性的功夫，讨论了《论语》《孟子》《中庸》《大学》等书中的重要概念，如中、中道、中正、中庸等，提出“多识前言往行以畜德”，以达到超凡入圣的境界。《至当篇》在《大心篇》和《中正篇》的基础上，提出得天下之理应该懂得“易简之理”，并讨论了修已安人、下学上达、仁义动静、恭敬知崇等问题。《作者篇》《三十篇》

《有德篇》《有司篇》四篇为一组，着重阐述儒家经典《论语》《孟子》的微言大义。《作者篇》侧重讨论圣人治国安民；《三十篇》侧重讨论学者立志为学，穷理尽性以变化气质；《有德篇》侧重讨论学者修养应该知“道”遵“礼”，以达到圣贤地步；《有司篇》从为政入手讨论应以礼乐刑政作为治国“纲纪”，并提出恢复井田制。《大易篇》解释《周易》的微言大义。《乐器篇》解释《诗》《书》大义。《王禘篇》略释《三礼》之义。《乾称篇》是《西铭》《东铭》两篇合编而成。

张载因居关中横渠著书讲学，所以人们把张载开创的学派称为“关学”。关学是北宋理学开创阶段的重要派别之一，当时跟随张载学习的人很多，形势很大。关学主张学以致用，把学术思想与现实社会的政治、经济、军事等问题联系起来，力图为现实服务，反对空谈。如主张恢复西周的分封制、井田制等，主张恢复古代的礼仪。尽管关学学者具治国平天下的抱负，却不能得到统治者的重用，因此关学很快便衰亡。

清人王夫之的《张子正蒙注》较为流行，上海古籍出版社出版的由汤勤导读的《张子正蒙》较方便阅读。

《二程遗书》——程朱理学的发端

《二程遗书》又称《河南程氏遗书》，共 25 卷，是北宋理学家程颢、程颐的弟子记载二程平时的言行而编成。二程兄弟长期讲学于洛阳，所以人们以洛学称其学。程颢（1032—1085），字伯谆，洛阳人，学者称为明道先生。历任京兆府户县主薄、江宁府上元县主薄等职。程颐（1033—1107），字正叔，后人称伊川先生。曾任汝州团练推官、秘书省校书郎等职，后因朝廷党派斗争遭贬黜。

《二程遗书》反映了以程颢、程颐为首的洛学学派的思想特征。由于该书是门人弟子分头整理，所以其中若干语录重复出现。从第一卷到第十卷，只有少数条目下注明是伊川或明道，大多数没有说明是何人的言行。从第十一卷到第十四卷，标明是明道语录，从第十五卷到第二十五卷标明是伊川的语录。后来朱熹对此书加以综合编定。《二程遗书》在宋代就曾单独刊出，也曾有人将它与二程的著作《文集》《经说》《外书》合在一起刊行，称之为《程氏四书》。

《二程遗书》中，二程阐述了他们的哲学观点。他们探讨了天地万物的本原，认为“道”与“理”是根本的，“器”与“气”是派生的，“道”或“理”生了“气”，从而产生了世界万物，所以一切事物的根源都归于“道”或“理”。“理”不仅成为天地万物的总根源，也成为天地万物的最高准则，它总摄着自然和社会的一切。从天下只有一个理的前提出发，二程又提出“理一分殊”的理论，认为一物总有一物之理，万物各有其理。从每一具体事物上看，各事物皆有各异的特殊规律。人们要认识事物的规律，就必须通过“格物”而后“知至”。

在《二程遗书》中也表达了二程对人性的看法。他们认为人性中的仁、义、礼、智、信都是善的，人的本性就是理，人的形体由气构成，气有清浊之分，如果人禀清气而生，就是自幼而善的人；如果人禀浊气而生，就是自幼而恶的人。把人的本性叫作“天命之性”，把由气构成人的善恶品质的性叫作“气禀之性”。“气禀之性”就是人的情欲，即“人欲”。为了克服人性中这种恶的因素，他们提出了“存天理，灭人欲”的主张，这样的思想被朱熹吸取，对后世产生了重大的影响。

二程认为愚民政策不足以维持封建统治，在新的历史条件下，“愚民”“强民”“欺民”是行不通的，他们看到“民”的巨大力量所在，并企图融化这个力量，使之纳入社会治理轨道。这种进步观点表现了人的自觉思想，发扬了儒家“民为邦本”的民本思想。

二程将历史分为天理流行的三代和人欲横流的后世。他们认为三代之时，君主心术纯正，因此天理流行，社会充满光明。三代以降，尤其是两汉以后，人欲横流，积弊丛生。这些论述表达了他们的历史观。

二程是理学的主要奠基者，又是相当有影响的教育家。他们一生以极大的热情致力于教育事业，即使身处逆境，也从未放弃研习儒家经典和聚众讲学。二程充分认识到教育对于巩固政权有着不可忽视的作用。他们认为天下不治，风俗不美，人才不足，主要是缺乏应有的教育所致。二程把教育作为“万世行之”的王化之本，国家是靠人来治理的，人才问题关系到社会治乱、国家兴衰。学校是教育培养人才的重要场所。在教学的过程中，必须把传统道德列为教学之首。二程认为作为合格的人才，应该是学以致用。二程在长期的讲学实践中积累了丰富的教学经验，他们特别强调读书学习要善于思索。二程的一些教育理论在当代仍有现实意义。

上海古籍出版社出版的由潘富恩导读的《二程遗书》较方便阅读。

《朱子语类》

——朱熹与其弟子问答的语录汇编

《朱子语类》，也称《朱子语录》，是南宋大思想家朱熹长期讲学语录的分类汇编。朱熹的多位门人记录了他的讲学问答，各弟子所记详略轻重时有不同，所以原有池州、饶州、建安所刊的三种《语录》，眉州、徽州所刊的两种《语录》。李道传汇辑为42卷，李性传等有所续补。黄士毅汇集各种记录，分类编为138卷，都不尽完善。南宋咸淳六年（1270年）黎靖德根据当时各地的刊本，相互参校，考其同异，补遗正误，削其重复，重新编写，共140卷，分“理气”“鬼神”“性理”等26门。内容涉及自然科学、哲学、政治、教育、史学等各方面，为研究朱熹思想的重要资料。

《语类》第一卷集中而明确地论述了“理”与“天理”为宇宙的根源、根本。《语类》卷四中较多地谈“气禀”的问题，认为人的精神品质是由所禀的阴阳五行气质决定的，从先天的气禀不同论证人间的贤愚善恶。在卷十二、十五中提出“格物穷理”的命题，和道德修养的“持敬”工夫。《语类》卷一二二至一二八，主要是论述他的史学思想，用理学家的天理标准统率历史。卷一、卷二中保留了不少有关当时自然科学的成果，同时也有朱熹自己的新见解。他用“气”的概念，解释了雷电、霜雪、雨、电、虹的成因，以及日蚀、月蚀等自然现象，破除了神学灾异思想。朱熹的自然科学知识，为现代中外研究朱子学的学者所重视。《语类》卷十一、二十四，对教育思想有精彩的论述，强调知识更新的重要，认为除去旧见才能有新意，但新的知识也离不开旧有的知识基础。朱熹的这些观点在教育史上具有积极意义。

《朱子语类》为明白易晓的语录体，为历代学者所喜读。它内容丰富，涉及知识面较宽，富有哲理性，提出了不少在今天仍有启发意义的问题，它是研究朱子学的主要资料。中华书局出版的宋人黎靖德编的《朱子语类》较为流行。

《传习录》——阳明心学的结晶

《传习录》，明代大思想家王守仁著。王守仁（1472—

1528）字伯安，余姚（今属浙江）人，因曾经筑室于绍兴阳明洞，世人称之为“阳明先生”。死后赠新建侯，谥文成，后人也称王文成公。

王守仁少年时代受过严格系统的教育，中进士后任刑部、兵部主事，因得罪宦官刘瑾，被贬贵州龙场驿，后又屡有升迁。曾讲学于绍兴稽山学院和龙泉寺中天阁等处，并有著述流传于世。

王守仁一生经历了明代成化、弘治、正德、嘉靖四个时期，这一时期正是明朝面临经济、政治上的种种矛盾激化的时期，各地农民起义时有发生。再加上宦官专权和西北边患，明代面临严重的政治危机。王守仁亲历这些事情，他为明朝统治深感忧虑。他努力为社会寻找一种药方，要使天下事势起死回生。王守仁学说的产生就是为了解决这样的社会问题。王守仁年轻时，有相当长的时间学习佛、道典籍，他认为儒、道在某些方面是可以相互贯通的，并非水火不容。在转向儒学的过程中，王守仁把目光投向了人心，最后形成其“心学”思想体系。王阳明的主要哲学思想包含在《传习录》一书中。

《传习录》分上、中、下三篇，由王守仁的门人徐爱、钱德洪等人辑录他平时讲学和解答弟子疑问的语录，以及王守仁的一些论学书信而编成，是研究王守仁心学的基本材料，其内容有以下几个方面：

第一，阐述“心外无物”“心外无理”的思想。朱熹认为客观精神的理是世界的本原，它存在于万事万物之中。而王守仁则认为这种理论是明朝社会风气和学风败坏的根源，因此他在《传习录》中意图破除朱熹的观点，说明心是一切事物的主宰，是所有理论法则的源泉。王守仁认为我不是物质客体，而是心的“感应”现象，是意识某种作用的显现。至于理，在他看来，是来自本心的，一般人所说的天地万物之理，不是客观事物自身所固有的，而是人心所赋予的。王守仁把宋代大思想家陆九渊的“心即理”的思想发挥的更为彻底，用来作为自己全部学说的理论基础。

第二，倡导“致良知”说。《传习录》认为人心虽然“虚灵”，但无所不知，能洞悉一切，因此称之为不学而知的“良知”。王守仁认为人人都有“良知”，但是私欲把它蒙蔽了，因此人们就要“致良知”，即克服私欲，恢复、发扬自己的良知。而“致良知”的过程就是格物致知。

第三，提倡“知行合一”学说。王守仁认为把知与行分作两事危害很大，这造成了一些人懵懵懂懂地去做事，不遵守儒家礼义，另一些人空思索，不去实行道德准则的后果。所以王守仁提出“知行合一”，认为行与知在本质上是没有差别的，但他也并没有把二者完全等同，行与知不同之处是要去做，没有实行的就不能叫真知。虽然他的“知行合一”说存在着一些理论上的缺陷，但他提出这种学说的目的是强调人们要注重道德实践。

第四，王守仁不仅是一位大思想家，也是一位大教育家，他在后半生20余年的讲学生涯中，继承了古代教育的传统，提出了一些有价值的教育思想。如王守仁在贵州龙场讲学时为学生制定了准则，即立志、勤学、改过、责善。在教学中提倡独立自主的治学精神，注重循序渐进和因材施教，强调身体力行。这些教育思想在当今仍有借鉴价值。

《传习录》较好的版本为四部丛刊本，上海商务印书馆1927年出版了叶绍钧的校注本，此外于民雄的《传习录全译》也较为流行。

延伸阅读

1. 永瑢等:《子部典籍概览》，山东画报出版社，2004年。

2. 胡耐安:《先秦诸子学说》，上海北新书局，1916年。

3. 高维昌:《周秦诸子概论》，商务印书馆，1934年。

4. 黄永年:《子部要籍概述》，江苏教育出版社，2008年。

5. 张岂之主编:《中国思想史》，西北大学出版社，1993年。

第四章

佛道典籍

佛教与基督教、伊斯兰教并称为世界三大宗教，因崇奉佛和阐扬佛的理论言行而得名，包括佛学经典、仪式、组织等。佛是佛陀的简称，意为觉悟。佛教的创始人释迦牟尼是古印度迦毗罗卫国王子悉达多·乔达摩。佛教约在西汉末年传入中国，经过佛教徒的不断努力，印度佛教与中国的本土文化，如儒家学说，道家理论相互吸取借鉴逐步中国化。佛教传入中国后，对中国社会生活的各个方面产生了相当深远的影响，一直持续到今天。

佛教与基督教、伊斯兰教并称为世界三大宗教，因崇奉佛和阐扬佛的理论言行而得名，包括佛学经典、仪式、组织等。佛是佛陀的简称，意为觉悟。佛教的创始人释迦牟尼是古印度迦毗罗卫国王子悉达多·乔达摩。佛教约在西汉末年传入中国，经过佛教徒的不断努力，印度佛教与中国的本土文化，如儒家学说，道家理论相互吸取借鉴逐步中国化。佛教传入中国后，对中国社会生活的各个方面产生了相当深远的影响，一直持续到今天。

道教为中国土生土长的宗教，兴起于东汉中叶。道教杂采道家、儒家、墨家、阴阳、谶纬学说，以追求长生不死为目的。道教学说的核心是“道”，认为道是天地万物的本源。“道”可以通过修行而得，人人皆可修道成仙，长生不老。修炼的形式有风服饵、导引、胎息、内丹、外丹、房中、辟谷等。其宗教仪式有斋醮、祈祷、诵经、礼忏等。道教在长期的发展过程中，对我国古代社会的政治、经济、哲学、文学、艺术、音乐、化学、医学、养生学、气功学以及民族心理、社会习俗等各个方面都曾产生过深刻的影响，直至今天仍然如此。

本书佛道典籍，选取常见且影响大者。在佛教典籍中，《金刚经》是民间最流行的佛教典籍。《心经》虽为佛教典籍中字数最少的一部典籍，但其影响却非常大，无论对于佛门中人，还是世俗之士，《心经》都非常受欢迎。《妙法莲花经》反映了佛教大乘、小乘之间异同，在佛教经典中占有非常重要的地位。《坛经》是唯一一部由中国僧人写的称之为“经”的典籍，是禅宗的经典作品，而禅宗是中国化了的佛教，在中国的佛教各派中，以禅宗最为兴盛，对中国社会、文化影响最大。佛教典籍的汇编是《大藏经》。

道教的主要经典为《老子》和《庄子》。《老子》《庄子》本为先秦道家之作，因道教主要是依托道家而建，所以把道家的两部著作作为道教的经典，也分别称之为《道德经》《南华真经》。因《老子》《庄子》在诸子百家典籍中曾作介绍，故不再叙述。《太平经》是早期道教的经典，于此可以看到道教早期发展之历程。道教追求长生不老，方法之一就是服食丹药，《周易参同契》是道教丹药方面的重要作品。葛洪的《抱朴子》不仅在道教史上占有重要地位，也是汉魏六朝诸子的代表作之一。道教追求得道成仙，在道教的发展史上，逐渐想象构筑了一个较完整的神仙谱系，《列仙传》中出现的众神仙成了这个神谱的重要组成部分。道教典籍的汇编是《道藏》。

《金刚经》——民间最流行的佛教经典

佛教有大乘、小乘之分。“乘”的原义是运载工具（车子），引申为教理、教法。依教法实践便可得到解脱，所以教法被比喻为人生解脱所乘坐之工具。依据所运载的目的地不同，教法有大小之分。

《金刚经》是佛教大乘经典中十分重要的一部，产生时间早，约成书于公元前一世纪初至公元前二世纪末。《金刚经》在中国产生了广泛的影响，如佛教三论宗、天台宗、禅宗、唯识宗等都把《金刚经》当作重要典籍来学习。唐玄宗为了推行三教并重的政策，从儒、道、佛中各选一部典籍，亲自作注解，颁行天下。儒家作品选《孝经》，道教作品选《道德经》，佛教作品选的便是《金刚经》，可见其在佛教典籍中的重要性。

因《金刚经》受到历代僧俗的重视，所以它的译本较多，现存有以下六种译本，有鸠摩罗什、菩提流支、真谛、达摩笈多、玄奘、义净的译本，其中最为流行的是鸠摩罗什的译本，我们现在通行的《金刚经》就是用的鸠摩罗什的译本。

鸠摩罗什所译的《金刚经》，共讲5200余字。《金刚经》最突出的一点，是它宣扬世界一切事物空幻不实的大乘般若空宗思想。《金刚经》叙述，佛佗在舍卫国祇树给孤独园，有一次一个名叫须菩提的长老过来，向他问如何求得真性成佛之心。释迦牟尼听了须菩提的问题，非常高兴，便回答了这一问题。释迦牟尼讲，世界上的一切事物都是无常的，如梦如幻，如气泡如虚影，如晨露随太阳的出现而消散，也如雨夜的闪电瞬息即逝。因此，我们平时看到的一切事物，都不是它们的真相。事物真正的实相是“无相”。所以，世界上的一切都不值得迷恋、追求。能真正认识到无相之实相，能做到对世界万事万物都无系无念，就可以得到真正的解脱。《金刚经》最后有一首偈，写道：“一切有为法，如梦幻泡影，如露亦如电，应作如是观。”“有为法”，泛指一切处于相互联系、生灭变幻中的现象。在《金刚经》看来，世界一切现象，它们的本性是空。这首偈反映了《金刚经》思想的精华，广为流传。

《金刚经》所阐述的佛教思想，对中国佛教甚至中国社会都产生了深刻的影响。禅宗为中国化了的佛教，在中国历史上历时最久，影响最大。禅宗自五祖弘忍时，便以《金刚经》作为传教的基本经典。六祖惠能随弘忍学习，也是在研习《金刚经》的过程中得到大悟。这表明中国禅宗思想的形成，与《金纲经》有着直接的关系。在敦煌发现的唐、五代时期的经卷中可以看到，《金刚经》是当时最受民间喜欢的一部佛教经典，在20000余件抄经中，《金刚经》抄本约占十分之一。

《金刚经》有汉译本，还有藏文、满文译本。汉译本历代大藏经均有收录。现在有《金刚经集注》单行本可供参阅。

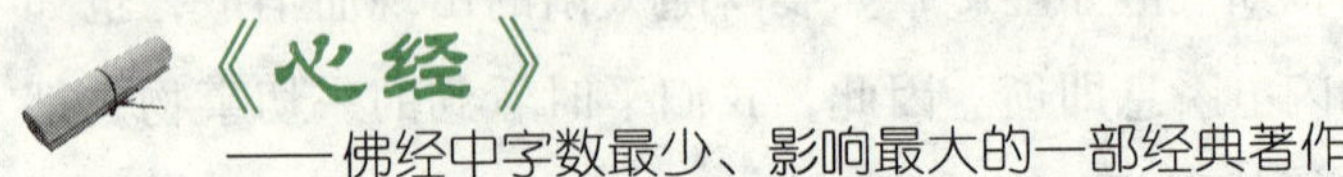

《心经》

——佛经中字数最少、影响最大的一部经典著作

《心经》全名为《般若波罗蜜多心经》，“般若”即是清净无执著的智慧，它能不偏不倚地认识事物的本质。“波罗蜜多”即是到解脱自在的彼岸。佛教讲此岸，就是生死流转的生命。今世为因，来世为果；来世为因，后后世为果；因此因果相续，无有穷尽，此种情况谓之流转。这种状况亦似车轮转动一般，故又称轮回。佛教讲彼岸，是指菩提与涅槃。菩提是指觉悟，涅槃就是解除生死流转的束缚，也称之为解脱，也有叫做圆寂的，即圆满寂静的意思。般若波罗蜜多，就是透过智慧从烦恼的此岸到达解脱自在的彼岸。

佛教自传入中国以来，至魏晋时般若思想盛行。玄奘自印度回国后，译出经典1000多卷，其中600卷是《大般若经》。他除《大般若经》外，更译出《般若波罗蜜多心经》。《心经》，是不属于《大般若经》内的。很多学者认为《心经》是某些法师摘录《大般若经》的重要句义，并采用当时流行的《般若咒》合在一起结集而成。

《心经》共有七个译本，玄奘法师所译的是第二个译本，因为译得最好，所以现在最为流行的就是此本。相传，玄奘法师往天竺（今印度）求法，经过蜀地益州空慧寺时，遇到一位身染恶疾、衣不蔽体的病僧。玄奘生出慈悲之心，将他带回寺中，悉心照顾至康复。僧人十分感激，于是赠以《心经》为礼。玄奘法师视之为珍宝，时常诵读，每遇困难必定迎刃而解。玄奘抵达印度那烂陀寺后，才知道赠给他《心经》的病僧其实是观世音菩萨的化身。《心经》共260字，是600卷《大般若经》的心脏、精华。经中除末后的咒语外，其余语句都在《大般若经》中摘出的，所以精简扼要。

《心经》全文如下：

观自在菩萨，行深般若波罗蜜多时，照见五蕴皆空，度一切苦厄。舍利子，色不异空，空不异色，色即是空，空即是色。受想行识，亦复如是。舍利子，是诸法空相，不生不灭，不垢不净，不增不减，是故空中无色，无受想行识，无眼耳鼻舌身意，无色身想味触法，无眼界，乃至无意识界，无无明，亦无无明尽，乃至无老死，亦无老死尽。无苦集灭道，无智亦无得，以无所得故。菩提萨陀，依般若波罗蜜多故，心无挂碍。无挂碍故，无有恐怖，远离颠倒梦想，究竟涅槃。三世诸佛，依般若波罗蜜多故，得阿耨多罗三藐三菩提。故知般若波罗蜜多，是大神咒，是大明咒，是无上咒，是无等等咒。能除一切苦，真实不虚。故说般若波罗蜜多咒。即说咒曰：揭谛揭谛，波罗揭谛，波罗僧揭谛，菩提萨婆诃。

《心经》指出，我们要向观自在菩萨学习，努力通过精深的修行，便可以认识到一切事物、现象和法则都是变幻无常，更进而可以体证佛法本身变幻无常。它教导我们要破除对物质和精神的执著，不要执著有我这个人在修行；也教导我们不要执著有一套既定的佛法及修持方法；更教导我们不要执著于进步成果。破除执著，一切将会来得那么自然，那么自在，通过自度度他的修持，最终达到安乐自在。《心经》为般若思想的经典精华，其中心思想，是由慧观（般若波罗蜜多）而知诸法自性空。经中提到的五蕴、十二处、十八界等等，已包罗尽宇宙间一切事物与现象呈现的相状；经中提到的缘生，已包罗尽一切法的生灭现象；经中提到的四谛与智断，已包罗小乘及大乘修道所凭依的基本概念。如是种种皆自性空，此即经中所诠的法义。学习大乘佛学，由本经入门最为方便，因为此经能令学者建立空性的正见。正见既立，则进而学中观一系经论，便不致堕入断边；学弥勒瑜伽行及唯识今学一系经论，便不致堕入常边；学习如来藏一系经论，便不堕入顽虚空边而入枯禅。

《心经》的注释十分多，自古至今的注释数以百计，在诸多注释中，以唐朝的窥基法师、圆测法师和现代的印顺法师、韩清净居士四家注本最好。

《妙法莲花经》——“经中之王”

《妙法莲华经》简称《法华经》，是公元前一世纪前后在印度佛教大、小乘激烈斗争时期产生的一部大乘经典。中国古代僧人十分重视《法华经》，称之为“经中之王”，不少僧人专门念诵这部经。《法华经》还是佛教天台宗的主要经典。

《法华经》讲：

有一个长者，他有三个儿子。一天，房子突然起火，眼看三个儿子就要被大火吞没。但是，因孩子年幼无知，还在嬉戏玩耍，并没有觉察到已经逼近的危险。长者在房子外面大声呼喊着让孩子们出来，但孩子们不相信火能烧死人，都不出来。长者无奈，于是说道，你们快出来吧，我这里有一辆羊车，一辆鹿车，一辆牛车，谁出来就给谁玩。三个孩子听到后，都从房子里出来。长者见孩子们得救，非常高兴，便每人各给一辆七宝大车。

《法华经》用羊、鹿、牛车比喻声闻、缘觉、菩萨三乘，用七宝大车比喻佛乘，认为前三乘都是为了让人从生死轮回中摆脱出来的一种方便设教，只有佛乘才能真正引导人进入涅槃的境界。《法华经》宣扬一切众生均能成佛，所以深受普通百姓的欢迎。

《法华经》说成佛不需要经过累劫万行的修行，只要礼拜佛像，或合掌互致敬，或低头示意，或口诵佛德，都能成佛。《法华经》讲佛佗说此经时，多宝塔从地涌现，十方诸佛集会证明此经所说道理真实。六万恒河沙待菩萨及其眷属护持此经，流传四方。经中称无论何人，只要能护持、诵读、抄写《法华经》，便可获得无量功德。而那些毁谤《法华经》的人，也会得到恶报。因此，不少人把念诵、抄写《法华经》做为修功积德的手段。这对《法华经》的流传也起到了巨大的推动作用。

《法华经》站在大乘的立场上，力图调和佛教大乘、小乘之间的矛盾，且试图以大乘去会融小乘。按照佛典的说法，按小乘教法去修行，将来只能成为“阿罗汉”，只有按大乘教法修习，将来才能成为菩萨，菩萨若能达到觉行的圆满无缺，便可上升为佛。《法华经》则主张佛门向一切众生敞开着。《法华经》称释迦牟尼虽然宣说过小乘的法，也宣说过大乘的法，但都只是针对一定的对象，一定的条件说的，不是最高级圆融的佛法。最圆满的应该是“佛乘”，从而主张“三乘归一”。

《法华经》早期有六个汉译本，现在只有三个译本传世，西晋竺法护所译，称为《正法华经》；姚秦鸠摩罗什译本，称为《妙法莲华经》；隋阇那崛译本，称为《添品妙法莲华经》。其中以鸠摩罗什译本流传最为广泛。

《坛经》——我国禅宗的经典

《坛经》是中国佛教禅宗的主要经典，主要记录禅宗六祖惠能的言论。惠能生于唐贞观十二年（638 年），卒于唐玄宗先天二年（713 年）。唐代著名僧人，俗姓卢，祖籍范阳，因父亲贬官迁居岭南新州（今广东新兴）。惠能早年丧父，家境贫困，曾以卖柴为生。30 岁左右时，偶然的机会听到别人诵读《金刚经》中的“心即开悟”之语，便开始了他的寻佛之路。在公元 671 年上湖北黄梅参见禅宗五祖弘忍，随弘忍参习佛法，最后被弘忍选为传法之人，创立了中国禅宗南宗。

《坛经》有多种版本流行。当初似乎只有慧能的入室弟子才被允许书写和传授《坛经》，随着禅宗的迅速发展，《坛经》广泛流传，而且其内容也发生了很大的变化。据学者研究，《坛经》的版本有将近 20 种之多，但最主要的有四种版本，即敦煌本、惠昕本、契嵩本、宗宝本。

现存最古的敦煌本《坛经》是日本学者矢吹庆辉于 1923

年从伦敦大英博物馆收藏的敦煌文书中发现的，原名为《南宗顿教最上大乘摩诃般若波罗蜜经六祖慧能大师于韶州大梵寺施法坛经一卷，兼受无相戒弘法弟子法海集记》。原本为弟子法海根据慧能的说法记录而成。为了适应禅宗思想的发展变化，后世禅僧便借慧能的名义，一再对《坛经》加以改编。晚唐僧人惠昕的改编本题为《六祖坛经》，后人称为惠昕本。北宋沙门契嵩据“曹溪古本”校刊而成一种新的版本，称为契嵩本，也称为曹溪原本。元代僧人宗宝编定了一种版本，称为宗宝本，此本流传最广。

《坛经》的主题思想是“直指人心，见性成佛”。《坛经》认为世人无论愚智，都具有“佛性”。“佛性”是没有差别的，只是由于人们的思想有迷有悟，才最终出现了愚人和智人的差别。日月星辰，山川大地，泉源草木，以至善人恶人，都是由心发动，为心包容。佛教的一切经典教义也不例外，都是因人而置，是人心本来就具有的。如何才能把人的本性体现出来？《坛经》提出“无念为宗，无相为体，无住为本”。“无念”，是指对外部事物不作分别和思考，以避免思想受外物的影响。“无相”是指在看到事物的相状时，要想到它是虚妄不实的，以消除它们的真实性。“无住”是指刹那生灭的每一个念头都要超脱外部世界，不要被它们束缚。总而言之，只要做到内心没有外物的一点影子，便是顿见本性，当下成佛了。围绕这一主题，《坛经》分为十品来讲：

第一品，行由品。记述慧能的身世，及其得法传宗的经过。第二品，般若品。提出世人皆有菩提般若之智，人们应该各自观心，自见本性。第三品，疑问品。提出成佛的唯一方法是“见性”。第四品，定慧品。提出禅定为智慧虽为二名，其实为一，不是由禅定引发智慧，也非由智慧引发禅定，而是定中有慧，慧中有定。第五品，坐禅品。提出外不起一切善恶心念就是“坐”，内见自性不动就是“禅”。第六品，忏悔品。讲人性本净，只是受到外界影响才出现许多毛病，提出自净其性，自修其行。第七品，机缘品。提出诸佛妙理，非关文字，实由心语。第八品，顿渐品。记述禅宗南、北二宗在顿悟、渐悟问题上的分歧。第九品，护法品。批评坐禅，指出道由心悟，不在于坐。第十品，付嘱品。记述慧能晚年对弟子说教的内容及其去世前后的情况。

《坛经》作为禅宗实际创始人慧能的生平事迹及其思想学说的记述，对禅宗思想体系的形成和发展，产生了重要的影响，成为禅宗的理论渊源，也是在中国佛教的全部撰述中唯一被尊为“经”的一部书。《坛经》对此后的中国文化也产生了深远的影响，许多宋明的儒者都曾受到禅宗思想的影响。

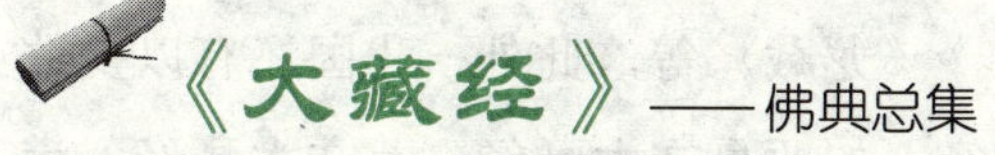

《大藏经》——佛典总集

“大藏经”是佛教典籍的汇编，在我国最早称“三藏”

"众经""一切经"。"三藏"一词源于印度，是对佛教典籍的三种分类，即经藏、律藏、论藏。经藏是佛祖释迦牟尼所讲的有关佛教教理方面的经典；律藏是佛教中有关戒律方面的经典；论藏是包括佛祖及其弟子论佛之语有及解释佛教教义的经典。

佛教传入中国的最早记录，是汉哀帝元寿元年（公元前2年）博士弟子景卢受大月王使伊存口授《浮屠经》。东汉永平年间（公元58—75年）迦叶摩腾、竺法兰共译《四十二章经》，是译经的开始。汉文大藏经至晚到隋朝的时候便形成，最初以写本的形式流行。唐开元年间（713—741年）释智升编《开元释教录》，按《千字文》次第为佛典编号，奠定了汉文大藏经的基本体例。我国第一部木刻本汉文大藏经《开宝藏》，就是据《开元释教录》雕刻而成。《开宝藏》雕刻于宋太祖开宝四年到宋太宗太平兴国八年（961—983年）。宋朝皇室还把《开宝藏》颁赐给西夏、契丹、高丽、日本、交趾等邻国，因此不久之后也出现了《契丹藏》《金藏》《高丽藏》等复刻本。此后，历代雕印的《大藏经》有20多部，如宋代的《崇宁藏》《昆卢藏》《资福藏》《碛砂藏》，元朝雕印的《普宁藏》，明清时期雕印的《永乐南藏》《永乐北藏》《嘉兴藏》《龙藏》等。此外，我国还有以少数民族文字雕印的大藏经，如西夏文大藏经、蒙文大藏经、满文大藏经以及傣文大藏经等。日本大正一切经刊行会曾于日本大正十三年（1924）至昭和九年（1934）刊行汉文大藏经，称为《大正大藏经》，此书以《高丽藏》为底本，全文断句，并附有校勘记，是目前较为流行的大藏经。

汉文大藏经内容十分丰富，不仅收录我国历代翻译的佛教典籍，也收录了我国历代僧人撰写的各类佛教著述。其总数约有4000余种，2300余卷。大藏经是佛教的百科全书，它既是佛学研究宝库，也是研究东方哲学、历史、语言、文学、音乐、美术、天文、历算、医药、建筑等学科的资料宝库。

《太平经》

——道教主要经典，以阴阳五行解释治国之道

《太平经》为早期道教经典，以阴阳五行解释治国之道，它的社会政治教理、教义和方术，对道教的发展产生了重要影响。《太平经》并非一人一时之作，从东汉前期开始，长期在民间流传，经过不断加工，最后定型。相传伯和有素书二卷称《太平本文》，传授给于吉，于吉加以发挥，到了顺帝时，于吉的弟子崇诣把该书献于朝廷，称《太平清领书》。

东汉前期，尽管阶级矛盾相对缓和，但农民所受之苦还是相当深重。正是在这样的时代背景下，《太平经》以神学的形式，反映了农民要求改变自身环境的愿望，所以在东汉前期逐步形成并不断流传。

《太平经》中说："太者，大也"，"平者，乃言其治太平均，凡事悉理，无复奸私也"。"太平"就是大平均的意思，这是针对当时社会不平不均而发。《太平经》的基本思想，是追求一个理想的太平世界，即经中所言"致太平"。《太平经》追求的理想世界是无灾异、无病疫、无战争，君明臣贤，家富人足，各得其乐的太平世道。《太平经》主张帝王当行道德，施政应法天地、顺自然，还主张选贤任能，广开言路，反对贱视和残害妇女，提倡人人应自食其力，反对为富不仁，提倡救急救穷，反映了当时处于苦难之中的广大人民向往太平盛世的思想。但《太平经》把"太平"的希望寄托在皇权和神权上，这是其社会改良主义的集中表现。

《太平经》假托神人与六方真人问答来说明道教教义及所用方术，虽内容庞杂，但自成体系，它对传统的阴阳五行学说进行了改造，建立了以"三气"为基础的"三统"神学。《太平经》把"元气"分为"三气"，即太阳、太阴、中和，并以天、地、人与"三气"互相配合，形成"三统"说。

《太平经》认为天、地、人各自具有相应的道德属性。道、德、仁体现着生、食、施的活动，认为"天以道治""地以德治""人以和治"，而且"天贪人生，地贪人养，人贪人施"，主张"以道德仁为行三统"，以应阴阳中和之统。

《太平经》认为天地就是由"三气"凝聚而成的。同时又认为“元气”先凝聚成天，分而为阴成地，再由阴阳相合生成人。《太平经》强调“天道”是本源，高于其他，这就是“三统”神学的主要内容。《太平经》强调“中和”，要求同心并力，以建立太平乐土，这是一种试图调和社会矛盾和阶级矛盾的空想。

《太平经》还提倡善恶报应思想，认为人之善恶，天皆遣神记录在簿，过无大小，天都知道，而天又赏罚分明。此外，经中还记载了长寿、成仙、祈禳、治病诸方术以及灸刺、生物方、草木方等治病方术。

《太平经》对社会现实的抨击是深刻的，对未来社会的憧憬是美好的，而解决矛盾的办法则流于幻想和宗教。它作为原始道教的经典，创造了一个“松散的宗教神学体系”，其中杂糅了儒家、道家以及古代神仙方术等各家思想，表现出道教理论的不成熟性。《太平经》对张角传播太平道，及其领导东汉末年黄巾军起义产生了重大影响，但其中神权、皇权思想也对黄巾起义产生了腐蚀作用。

原书按天干顺序分为10部，每部17卷，共170卷。今《道藏》收录残本57卷、《太平经钞》10卷、《太平经圣君秘旨》、敦煌遗书《太平经目录》1卷。清代学者对《太平经》有辑补，基本恢复了原貌。当代学者王明根据有关资料著成《太平经合校》一书，更为详尽。

《周易参同契》——“万古丹经王”

道教早期经典，简称《参同契》。作者魏伯阳（公元151—221年），号云牙子，东汉会稽上虞人，著名炼丹家。

《周易参同契》是《周易》理论、道家黄老哲学以及炼丹术三者会通，所以称为“参同”。这部书以《周易》和道家思想为依托，广泛吸取先秦两汉天文历法、医学、易学、物候学、炼丹术等方面的成就，假借易学象数系统的结构框架，建构成以炼丹术为主体、天文历法为前提的天地人三才合一的庞大而又复杂的思想体系。全书约6000余字，基本上为四字、五字一句的韵文及少数长短不一的散文体和离骚体。

在天文学方面，该书把《道德经》的宇宙结构模型与汉代兴起的宇宙鸡子结构模型相结合，提出乾坤坎离体用相须的宇宙牝牡四卦结构模型，将宣夜说与浑天说融为一体，既无碍于历法的制定与推行，又生动地体现了宇宙间阴阳升降的动态平衡。

在化学、药物学、冶金技术方面，该书描述了铅的氧化还原反应、硫化汞的分解化合反应等，书中倡导的铅丹与灵丹，是世界药物史上最早的人工制造的化学药品，李时珍在《本草纲目》中充分认定了这两种丹的药用价值。在冶金技术方面，该书对凡有汞参加反应的炼制工艺，提出了严格要求，说明了我国在公元一世纪前后冶炼技术方面所具备的高超的工艺水准。

在调气养性方面，该书提出“筑基”“土游四季”“两孔穴法”等，奠定了道教内丹术坚实的基石。在人体生命科学方面，为袪除疾病、延年益寿提供了切实可行的修炼方法。

对《周易参同契》基本性质的确定，历来有不同的看法，有人认为是讲烧炼金丹以求仙药的外丹说，有人认为是调和阴阳，修炼精气神的内丹说，也有人认为是外丹、内丹兼有。《参同契》实际是把道教神仙思想与炼丹成仙之法结合起来，而以《周易》爻象的变化来论炼丹的火候。《参同契》实兼内、外丹，如书中所说：“金性不败朽，故为万物宝；术士服食之，寿命得长久”，就是通过服食丹药，延长寿命，这就是讲“外丹”。又如书中所说：“二气玄且远，感化尚相通，何况近存身，切在于心胸”“淫淫若春泽，液液象解冰，从头流达足，究竟复上升”，通过对体内“气”的培育、修炼，进而达到强身健体，这就是讲“内丹”。《参同契》为道教丹经之祖，因此被称为“万古丹经王”。《周易参同契》对宋代学术也产生了影响。

唐宋以来，注解《参同契》的很多，《正统道藏》就收录有 11 种，主要注本有后蜀彭晓《周易参同契分章通真义》，宋朱熹《周易参同契考异》，宋陈显微《周易参同契解》，元俞琰《周易参同契发挥》等。孟乃昌、孟庆轩辑编的《万古丹经王〈周易参同契〉三十四家注释集萃》是目前为止《周易参同契》最全面的汇校和集释本。

《抱朴子》——东晋时期重要的道教理论著作

葛洪（公元283—363年）字稚川，丹阳郡句容（今江苏句容）人，自号抱朴子，是道教丹鼎派神学理论体系的奠基人。葛洪出身于吴国士族家庭，祖、父世代为官，13岁丧父，生活随之变得艰辛。当时司马氏政权歧视江南的士族，规定贡士一概不能参加经术考试，这也致使葛洪倍感吴国灭亡的悲哀。从少壮起，便随从郑隐学习神仙之术。曾在西晋惠帝时因参加镇压江南张昌、石冰起义有功，受封为伏波将军。葛洪不论功赏，流徙到广州，继续寻求神仙生活。后虽曾被朝廷重新录用，但他以不仕为荣，终老于罗浮山（今广东东江北岸）。

《抱朴子》是葛洪的代表作，分内外篇，外篇50卷论儒术，主要内容是以复兴儒学为宗旨，把道教的神仙理论与儒学的纲常名教结合起来，反映了作者的内神仙而外儒术的学术特点。内篇20卷论道教，主要论述神仙方术、养生延年。

《抱朴子》外篇以“兴儒教”为宗旨。他所说的兴儒教，并不是让人们去皓首穷经，而是要复兴以君臣关系为中心的儒家纲常名教，以便依靠一个强有力的君主，来调节名门豪族的势力均衡。并且明确反对当时出现的无君论思想，认为“有君”是社会进步的表现，但他认为社会进化到“有君”似乎就停止了，并进而把“有君”说成是“天意”安排的一种不可改变的秩序。

《抱朴子》内篇，论述道教理论，葛洪从宗教生活中认识到儒家的经世与道教的出世两者不能并行。在他看来，世界上已经没有什么可留恋的了，自然界的各种现象不能激发他的兴趣，社会现象更使他忧心忡忡，因此他专心寻求长生之道，做一名神仙道教的传授者。葛洪在《抱朴子·内篇》中论证了神仙的存在，并认为人人皆可修道成仙。成仙的途径在他看来一是要志诚信仙，二要择师勤求，三要恬静无欲，四要积善立功，慈心于物。《内篇》还阐述了仙道、方术。以行气、房中、服仙药为长生三要，尤其推崇服食金丹成仙之道。此外，《内篇》还记载了魏晋道教中流行的诸种法术，如辟谷、不寒之道、不热之道等等。

葛洪认为“道”是本，“儒”是末，这是葛洪由儒转向道的重要标志。他认为掌握了“道”的神仙可以逍遥在彩虹之中，翱翔于云气之上，可以涉足于天地四方，随意飘荡，这是一种自在的境界，也是葛洪所向往的。葛洪认为要想长生，唯有服食金丹大药，为了炼丹，他总结了许多炼丹的方法。

《抱朴子》的版本较多，其中王明的《抱朴子内篇校释》和杨明照的《抱朴子外篇校笺》较为流行。

《列仙传》

——我国流传至今的第一部神仙人物传记著作

《列仙传》二卷，旧题西汉刘向撰，是我国流传至今的第一部有系统的神仙人物传记著作。关于《列仙传》的作者及成书年代，历来有不同的看法，但一般认为，并非刘向所撰，东汉时已流行于社会。在体例上，《列仙传》仿《烈女传》，在每传后皆有赞词，篇末又有总赞。《列仙传》一开始并非道教书籍，有人认为是志怪小说，也有人认为是杂史杂传，后被收入《道藏》，便成为道教书籍。

《列仙传》版本较多，收录于《道藏》的《列仙传》收录了71位神仙人物的传记。《列仙传》所记的神仙，自三皇五帝时至汉代。卷上记载了41位，分别为赤松子、宁封子、马师皇、赤将子舆、黄帝、偓佺、容成公、方回、老子、关令尹、涓子、吕尚、啸父、师门、务光、仇生、彭祖、邛疏、介子推、马丹、平常生、陆通、葛由、江妃二女、范蠡、琴高、寇先、王子乔、幼伯子、安期先生、桂父、瑕丘仲、酒客、任光、萧史、祝鸡翁、朱仲、修羊公、稷丘君、崔文子。卷下记载了30位，分别为赤须子、东方朔、钩翼夫人、犊子、骑龙鸣、主柱、园客、鹿皮公、昌容、溪父、山图、谷春、阴生、毛女、子英、服闾、文宾、商丘子胥、子主、陶安公、赤斧、呼子先、负局先生、朱璜、黄阮丘、女丸、陵阳子明、邗子、木羽、玄俗。《列仙传》记述了每位神仙的形迹，所述之事多与长生、变化方术相关，反映了两汉时期神仙方术思想万千。作者认为神仙是真实存有的，只是后人一昧地托虚寄空，才被人们怀疑其真实性。书中所记之事，为后世道教神仙故事的重要来源之一。

《列仙传》认为人们不论身份如何，只要经过一定的修炼或者有某种机遇，都可能得道成仙。人人皆可成仙的理论，对民众的求仙问道起了巨大的推动作用。《列仙传》大致讲述了以下几种修道成仙的方法：通过服食丹药可以成仙。如服食神果仙花，灵丹妙药就可以成仙，如秦穆公时的赤须子、黄帝时期的赤将子舆等便是通过服食一些果实和药物得以成仙。通过服气养气可以成仙。《列仙传》认为神仙是以气为形，所以食气也被视为修养的方法。服气就是吐纳之法，这方面的代表人物是彭祖，从夏代至商代末年，活了800余岁，他“常食桂芝，善导引行气”。通过行善积德也可以成仙。《列仙传》记载木羽母亲常做善事帮助人们接产，木羽十五岁便成仙，就是上天为了报答其母的善行。如果能得到高人的相助，也可以成仙。

当前，王叔岷的《列仙传校笺》较为流行。

《道藏》——道教文献总集

《道藏》是道教文献总集，相当于佛教的《大藏经》。唐代开元年间，辑录道教典籍为《三洞琼纲》，此为《道藏之始》。宋真宗命张君房辑成《大宋天宫宝藏》，宋徽宗时两次修补，于政和年间（1111—1117 年）刊成《政和万寿道藏》，这是道藏的最早刊本，也是金、元时期所修道藏的蓝本。流传至今的《道藏》是明代辑刊的《道藏》。明英宗正统十年（1445）邵以正督校刊成《正统道藏》，收书 1431 种。神宗万历三十五年（1607）张国祥辑刊《万历续道藏》，收书 56 种。两书也合称《正统道藏》。

《道藏》是按照一定的编纂意图、收集范围和组织结构，将许多经籍编排起来的大型道教丛书。《道藏》的组织原则是“三洞、四辅、十二类”。“三洞”，即洞真、洞玄、洞神，即以《上清大洞真经》《灵宝五篇真文》和《三皇经》为首的三组道教典籍。按三洞分类，并不能囊括全部道家经籍，于是有四辅分类法的出现。四辅即太清部、太平部、太玄部、正一部。太清部以葛洪所传《太清神丹经》为主，一切外丹黄白书全部归入；太平部主要为《太平经》；太玄部以《道德经》为首，包括注释、阐发《道德经》之书，也包括《庄子》《列子》等道家书籍；正一部收六朝时代流传的《正一法文》等天师道典籍。

三洞之下各分十二类（四辅不分类），合为36部。十二类分别为：本文类，指道教典籍的原本真文；神符类，指篆文灵符之文字；玉诀类，对道经的注解和疏义；灵图类，对本文的图解或以图像为主的著作；谱录类，记录高真上圣的应化事迹和功德名位的道书；戒律类，规戒科律书；威仪类，斋醮仪法及科仪制度著作；方法类，论述修真养性和设坛祭炼等方法之书；众术类，指外丹炉火、五行变化及术数等书；记传类，神仙、道士传记及宫观志书；赞颂类，赞咏歌颂圣真的词章；表奏类，设坛祭祷时上呈天帝的章奏、关文。

流传至今的《正统道藏》按三洞四辅十二部分类，各部收书共1430种。洞真部316种；洞玄部303种；洞神部364种；太玄部117种；太平部66种；太清部42种；正一部240种。《正统道藏》收书的数量大，内容也很庞杂，遍涉道教的教义教理、戒律清规、符箓章奏、斋醮科仪、修炼摄养、灵图象数、名山宫观、神仙谱籍、道士传记等方面。除道教经籍外，也兼有儒家、佛教、理学等书。《道藏》的内容除道教经书外，还收录了大量涉及古代其他学科的文献，如《周易》与诸子、戒书、道教劝善书、佛教内容及典籍、法术、术数、语言、文字、诗词歌律、戏剧、神话、历史史料、传记、名胜古迹、中医理论及中医疗法、气功、草药、房中术、仪器等等，成为一部包含汉魏以来中国社会、文化、宗教等史料的丛书。

清代康熙年间彭定求还辑刊过《道藏辑要》一书，光绪年间成都二仙庵住持阎永和曾增订重刊。这是现存第二部大型道教典籍汇编，收书 283 种，531 卷。其中有《正统道藏》未收之书，还有不少是传世孤本。所收书除道教经典外，还有诸子百家、碑刻传记、山川地志、医药方剂等资料。

商务印书馆在 1923—1926 年据北京白云观藏明刊《道藏》本影印，共有线装 1120 册。1988 年文物出版社、上海书店、天津古籍出版社出版《道藏》，共 36 册。

延伸阅读

1. 方立天:《中国佛教哲学要义》,中国人民大学出版社,2002 年。

2. 方广锠:《佛教典籍概论》,中国逻辑与语言函授大学,1993 年。

3. 方广锠:《佛教典籍百问》,今日中国出版社,1989 年。

4. 蒋维乔:《中国佛教史》,上海古籍出版社,2007 年。

5. 任继愈主编:《道藏提要》,中国社会科学出版社,1991 年。

6. 卿希泰主编:《中国道教》,上海知识出版社,1994 年。

7. 黄信阳、王春景主编:《中国道教文化典藏》,中国文史出版社,2009 年。

第五章 科技典籍

中国古代的科学技术一直是走在世界前列的，比如作为世界文明古国重要标志之一的四大发明（造纸术、印刷术、火药、指南针），就对中国和世界文明作出过重大贡献，推动过人类历史的进程。尤其是作为传统的农业大国，与农业生产相关的天文历法、水利工程，更是在世界古代科技史上居于举足轻重的地位；作为人口大国，中医对世界医药学也作出了突出贡献；传统数学在世界数学史上占有重要地位。两三千年来涌现出许多杰出的科学家、发明创造家，流传下的科技典籍数量大、内容广，涉及数学、天文学、农学、医学、生物学、化学、物理学等基础学科和冶金、机械、建筑、水利、印刷、纺织等各个技术领域。有人统计中国古代数学著作约有1000种，中医书达7600种。中国传统的科技典籍在流传中多有散亡，但保存下来者大概多为经过社会选择的精品，特征鲜明，总结和记录了中国古代的科技成就和科技发展水平，彰显着中国古代科技的精华和风采。

中国古代的科学技术一直是走在世界前列的，比如作为世界文明古国重要标志之一的四大发明（造纸术、印刷术、火药、指南针），就对中国和世界文明作出过重大贡献，推动过人类历史的进程。尤其是作为传统的农业大国，与农业生产相关的天文历法、水利工程，更是在世界古代科技史上居于举足轻重的地位；作为人口大国，中医对世界医药学也作出了突出贡献；传统数学在世界数学史上占有重要地位。两三千年来涌现出许多杰出的科学家、发明创造家，流传下的科技典籍数量大、内容广，涉及数学、天文学、农学、医学、生物学、化学、物理学等基础学科和冶金、机械、建筑、水利、印刷、纺织等各个技术领域。有人统计中国古代数学著作约有1000种，中医书达7600种。中国传统的科技典籍在流传中多有散亡，但保存下来者大概多为经过社会选择的精品，特征鲜明，总结和记录了中国古代的科技成就和科技发展水平，彰显着中国古代科技的精华和风采。

《周髀算经》
——我国最古的天文学及数学著作

《周髀算经》，原名《周髀》，我国最古老的天文学及数学著作，唐代列为十部算经（即著名的《算经十书》，唐代规定国子监算学诸生必读的十部算经，即算学教科书，包括《周髀算经》《九章算术》《海岛算经》《五曹算经》《孙子算经》《夏侯阳算经》《张丘建算经》《五经算术》《缉古算经》《缀术》，明代算科考试也是考这十部算经。《周髀算经》作者不知是谁，西汉时成书，具体时间不会晚于公元前一世纪，所记部分内容甚至可以上溯到公元前11世纪左右。

内容分为两卷：上卷记有周公与商高对话谈及的勾股定理的特例，表、圆和方的使用，太阳“高”“远”的测量。其中勾股定理特例表述为“勾广三，股修四，径隅五”，即我们常言的勾三股四弦五，以及关于勾股定理计算的表述“若求弦至日者，以日下为勾，日高为股，勾股各自乘，并而开方除之，得邪至日”。还有陈子与荣方关于日影的对话。

下卷载有与太阳的周年运动有关的计算，以及通过观察日出日落来确定子午线、恒星的中天、二十八宿、十九年闰周等天文学问题。其内容实际是从数学上讨论“盖天说”宇宙模型，反映了中国古代数学与天文学的密切联系，因此该书既是一部天文测量著作，也是一部数学著作。在天文学方面，《周髀算经》主要阐述了“盖天说”（“方属地，圆属天，天圆地方”；“天像盖笠，地法覆槃，天离地八万里”，意思是说天象斗笠，地似覆盘，天在上，地在下，中间的日月星辰随着天盖而运动）和四分历法（一种以闰月来调节四时季候的阴历）。在数学方面，主要记述了用勾股定理来进行的天文计算以及比较复杂的分数运算。在占星术和卜筮占支配地位的时代，《周髀算经》讨论天地现象不带迷信成分，具有积极的科学意义。

最早为《周髀算经》作注的是三国时吴人赵君卿（名爽），此外注释该书者还有南北朝时甄鸾、唐代天文学家李淳风、清人梅文鼎，李淳风对《周髀》原文及赵、甄注之失误作了纠正。北宋元丰七年（1084）秘书省首次刊行《周髀算经》，南宋嘉定六年（1213）鲍瀚之翻刻此本，今国家图书馆、上海图书馆、北京大学图书馆均藏有南宋刻本《周髀算经》。《周髀算经》较好的版本是1963年中华书局出版的钱宝琮点校《算经十书》本。

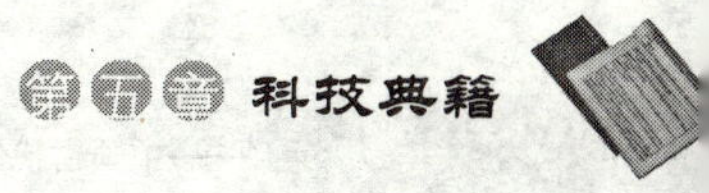

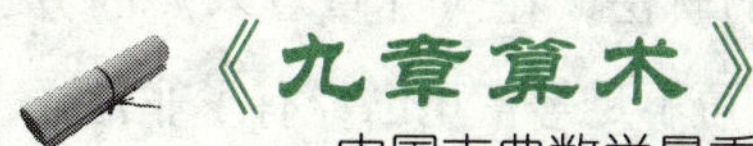

《九章算术》

——中国古典数学最重要的著作

《九章算术》亦称《九章算经》，是中国古典数学最重要的著作，《算经十书》中最重要的一部，被尊为算经之首。作者不知是谁，成书于公元前一世纪的后半期，西汉早期数学家张苍、耿寿昌等人曾对该书增订删补，传世本《九章算经》是在较长时期里经过多人多次修订逐渐形成的，系统总结了战国、秦、汉时期的数学成就。

内容包括九卷，每卷一章共九章，一共搜集了 246 个数学应用问题及其解法，分为九大类，每类一章。内容依次为：一、方田（即土地测量），主要是分数四则算法和平面形求积法；二、粟米，讲粮食交易的计算方法；三、衰分（即比例分配），介绍各种分配比例的算法；四、少广（即减少宽度），介绍开平方和开立方的方法；五、商功（即工程审议），讲立体形求体积的方法；六、均输（即征税），讲处理行程和合理解决征税的问题；七、盈不足（即过剩或不足），介绍盈方类问题的解法以及假设方法；八、方程（即列表计算的方法），讲述一次方程组解法和正负术；九、勾股（即直角三角形），介绍勾股定理的应用和简单测量问题的解法。《九章算术》在算术、代数、几何方面均取得了突出的成就，但最重要的成就是在代数方面，现代小学数学课程中的分数四则、各种比例、面积和体积，以及各类应用问题的解法，在《九章算术》的方田、粟米、衰分、商功、均输、盈不足等章里已经有了非常详备的内容论述；中学课程中的代数部分，如开平方、开立方、正负数、联立一次方程组、二次方程等项目，在少广、方程、勾股章里也已有了卓越的成就。《九章算术》不但对后世的数学著作奠定了优良的传统，对世界的数学发展也有着重要的贡献。在唐代以后的千余年间，一直被直接用作学校数学教育的教科书；传入国外后，朝鲜和日本曾用作教材，其中的某些算法如“盈不足”，在阿拉伯和欧洲的早期著作中，被称为“中国算法”；作为一部世界数学名著，《九章算术》曾被译为多种文字出版。著名中国科学技术史专家、英国学者李约瑟曾认为《九章算术》可能是中国数学著作中影响最大的一部。

古代杰出的数学家、魏晋时人刘徽曾对《九章算术》作注，唐人李淳风也曾注《九章算术》。北宋元丰七年（1084）秘书省首次刊行《九章算术》，南宋嘉定六年（1213）鲍瀚之翻刻此本传世。较好的版本有1963年中华书局出版的钱宝琮点校《算经十书》本、1983年科学出版社白尚恕《九章算术注释》本。

《齐民要术》

——我国现存最早、最完整的一部农书

《齐民要术》是我国现存最早、最完整的一部农书。作者南北朝时北魏人贾思勰，约生于公元500年之前，山东益都人，曾任高阳郡（今山东省淄博市西北）太守，后来回到家乡经营过农牧业。贾思勰对农业深有钻研，自己具有较丰富的农业实践经验，多次在黄河中下游一带游历考察农业耕种技术，曾从古今书籍中收集了大量相关材料，又收集了许多口头传说、民间谚语。推崇“富国以农”思想，主张实行重视农耕的政策。约在北魏永熙二年（533）到东魏武定二年（544）间，将自己的经验和收集到的知识加以总结整理，撰成了《齐民要术》一书。

《齐民要术》全书正文10卷，92篇，正文7万字，注释4万字。卷1、2为农作物的耕种，谷物、纤维作物，油料作物；卷3为蔬菜；卷4为木本植物栽种法、果树；卷5为林木和染料作物；卷6为畜牧、渔业；卷7—9为酿造，食品加工保存、烹饪方法、农家手工业；卷10仅一篇，介绍一些非中国的物产。书前有《自序》和《杂说》各一篇。书中采用的歌谣和民间谚语有30多条。提高了人们对天时、地宜的认识，深入探讨了耕锄和保墒的关系，总结和研究了轮作制，专门论述了作物品种，总结了果树、林业方面的苗圃育苗、嫁接技术和熏烟防霜等经验。内容非常丰富，包括了农、林、牧、副、渔各个方面，比较系统地总结了黄河中下游地区公元六世纪以前的农业生产技术成就，是一部农业百科全书，对推动我国古代农业生产和农业科学技术的发展产生了巨大的影响。

编纂《齐民要术》参考和引用的古书达156种，其中大多早已亡佚，如《氾胜之书》（西汉著名农学家氾胜之著，代表了西汉农业科技的水平），幸赖《齐民要术》保存了部分内容。《齐民要术》初刻于北宋时；北宋时，《齐民要术》的刻本就在日本流传，后来被译成日、德、英等国文字，具有一定的世界影响。

常见版本有《四部丛刊》本、《万有文库》本，1956年中华书局本。

《王祯农书》

——一部集北魏至元代农业生产经验大成的著名农学著作

《王祯农书》是元代私撰的一部杰出的集大成农学著作。作者王祯，生卒年不详，字伯善，山东东平人，元代杰出的农学家和机械制造专家，曾在宣州旌德县（今安徽省旌德县）和信州永丰（今江西省广丰县）担任过县尹。元世祖忽必烈即位后，因有过治理汉地的经验，了解农业对汉地的重要性，遂大力推行劝助农耕、发展生产的重农政策，设立司农司和劝农官，编印颁行《农桑辑要》（我国现存最早的一部官颁农书）指导农业生产。在政府重农的环境中，来自农业发达地区山东的王祯又有着重视农业的内在思想，在地方任职时积极提倡农桑，奖励垦耕，重视农具的改革和推广，并且亲自设计、创制了一些先进的农机具，还购买树苗、棉籽教农民种植。王祯大约在担任宣州旌德县尹期间开始编写《农书》，经过十几年时间，在永丰县尹任内完成，1313 年刻印发行。

王祯广泛参考大量古代农书和各种书籍中农业的记载，又总结了当时农业生产的新技术、新经验，加上自己的考察和研究成果，最终完成该书编纂。《王祯农书》全书 37 卷（现存 36 卷），约 13. 6 万字，包括《农桑通诀》《百谷谱》《农器图谱》三部分。《农桑通诀》总论农业，贯穿了农本观念和天时、地利、人力共同决定农业生产的思想，具体说明农桑的起源，泛论农、林、牧、副、渔各项技术和经验。《百谷谱》分论农作物栽培，叙述谷子、水稻、小麦等粮食作物及瓜、菜、果树的栽培、保护、收获、贮藏、利用等技术和方法。《农器图谱》是全书的重点和精华所在，内容占全书的五分之四，记述了耕地、整地、播种、中耕、收获、农产品加工、灌溉等方面的农具 47 种，306 幅插图。这些插图大部分都是实物的写真，每幅图都有说明，论述构造、来源、用法等，此部分可以说是我国最早的专门论述农具的专书。此三部分均各自单独成书，可能是分别完成之后才决定合编为一部著作而刻印的。北魏贾思勰《齐民要术》记述范围为黄河中下游地区，南宋陈旉《农书》记述范围为江浙地区，而《王祯农书》兼论南北，是我国第一部在全国范围内对整个农业部门系统研究的农书，也是集北魏以来农业生产经验之大成的一部农书。

《王祯农书》以图文并茂的形式介绍农业器械的构造和性能，这在我国古代农学史上是独特的，明代徐光启《农政全书》和清代《古今图书集成》等书中的农具图谱，多直接引自该书。王祯曾克服胶泥活字印刷“难于使墨，率多印行，所以不能久行”的弊端制造木活字，创用木活字30000多个，曾不到一月使用木活字印刷成《旌德县志》百部，还发明了转轮贮字架，大大提高了印刷质量和效率。《农书》之尾附有《造活字印书法》，王祯成为木活字印刷的实践和经验传播者。《王祯农书》常见版本有《农学丛书》《万有文库》本等。

《农政全书》
——我国古代最著名的一部农业百科全书

《农政全书》是我国古代最著名的一部农业百科全书。作者徐光启（1562—1633），字子先，号玄扈，上海人。年轻时以教书为生，1597年考中举人，1604年中进士，初在翰林院、詹事府和礼部任职，后任礼部左侍郎、尚书、内阁大学士。因结识意大利传教士利玛窦，向其学习天文、数学、测量、水利、火器知识，合作翻译了欧几里得《几何原本》（前6卷），此书成为我国最早一部从西方翻译过来的数学著作，学养大增。徐光启博学多才，在农学、数学、天文学、兵器方面均有较深造诣，皆有著述和贡献，天文方面如《崇祯历书》，而在农学方面成就最大，以所著《农政全书》为代表。1625 年，他被阉党魏忠贤排挤免官，此后直到 1628 年间，集中精力撰写成《农政全书》初稿，1633 年他去世时尚未定稿，后来由陈子龙加以整理，1639 年刊行于世。

为了写作《农政全书》，徐光启不仅参阅了大量相关文献资料，还经常参与生产实践，获取直接经验。“尝躬执耒耜之器，亲尝草木之味，随时采集，兼之访问，缀而成书。”《农政全书》60 卷，约 70 余万字，分作 12 目：农本（经史典故、诸家杂论、国朝重农考）；田制（井田考、《王祯农书》中各种田制考）；农事（营制、开垦、授时、占候，以屯垦为中心）；水利（水利工程、农田水利、《泰西水法》）；农器；树艺（名物、蔬菜、果树）；蚕桑；蚕桑广（木棉、苎麻）；种植（经济作物）；牧养；制造（食品、房屋）；荒政（备荒、附录《救荒本草》和《野菜谱》）。重点在开垦、水利和荒政，系统而集中论述，篇幅占全书一半以上。该书贯彻了“富国安民”“务农贵粟”的农本思想；大力推广和宣传甘薯、棉花的种植经验，发展了我国农学史上的“风土说”；记载了不少当时的新经验、新技术。引用前代和同时代文献 229 种，其中徐光启自己写作的内容约有 6 万多字；其余内容多是“杂采众家”，对收集到的大量材料进行分类汇集，但也加了不少评注，“兼出独见”，表明了自己的见解。《农政全书》是我国古代一部规模宏大的农业科学百科全书，是一部综合介绍我国传统农学的空前巨著，它比以前所有的农书更为系统全面，在我国农业发展史上占有重要的地位。

常见版本有《万有文库》本、上海古籍出版社 1979 年石声汉《农政全书校注》本。

《天工开物》

——明代一部关于古代农业和手工业生产技术的百科全书

《天工开物》是中国古代非常著名的一部科技文献，是明代一部关于古代农业和手工业生产技术的百科全书，作者宋应星（1587—1661 前后），字长庚，江西奉新人，举人出身，1634 年担任江西分宜县教谕（县学教官）时，把自己长期积累的生产技术加以总结整理，开始编写《天工开物》，1637 年《天工开物》刊行，之后曾在福建、安徽任地方官，明亡后弃官归乡，大约在清初 1661 年前后去世。宋应星博学多才，熟悉各种生产技术，对哲学、天文、音律均有研究，著作除《天工开物》外，尚有《野议》《论气》《谈天》《思怜诗》四篇存世。

《天工开物》全书分上中下三卷，又细分作 18 卷，按“贵五谷而贱金玉”的顺序进行编排，全书 60000 余字，上卷记载了谷物豆麻的栽培和加工方法，蚕丝棉苎的纺织和染色技术，制盐和制糖工艺；中卷记砖瓦、陶瓷的制作，车船制造，金属锻造，煤炭、石灰、硫磺、白矾的开采和烧制，榨油、造纸方法；下卷记金属矿物的开采和冶炼，兵器制造，颜料、酒曲生产，珠玉的采集加工。全书详细叙述了各种农作物和工业原料的种类、产地、生产技术和工艺装备，一些生产组织经验，还包括大量确切的数据和绘制的123幅插图，涉及到当时农业和手工业两大领域30个部门的生产技术和过程，是有关我国古代生产技术尤其是手工业生产技术的宝贵文献。特别是介绍先进生产技术，如农业方面的培育优良稻种、杂家蚕蛾；冶炼方面的炼铁联合作业，灌钢、炼锌、铸钱、半永久泥型铸釜和失蜡铸造；纺织方面的用花机织龙袍、织罗方法；采矿方面的排除煤矿瓦斯方法，价值更高。宋应星善于观察，重视实践经验，提倡试验方法，提出了不少科学见解；重视实验数据，提倡定量方法，全书给出了130多项技术经济数据，如农业方面的农时、田间管理、单位面积产量，手工业方面各种生产工具的大小尺寸、材料消耗、使用寿命、材料配方、经济效益及不同物质的物理性能等，很有实用价值；纠正了一些长期流传的错误观点，如“珍珠出自蛇腹”“沙金产自鸭屎”“磷火即是鬼火”。当然书中也有少量记述失实和错误的地方。

《天工开物》刊行后，很快传入日本并被翻刻流传，日本学者评价说“作为展望在悠久的历史过程发展起来的中国技术全貌的书籍，是没有比它更适合的了”。1869 年，被摘译成法文介绍到西方，书名《中华帝国古今工业》。后又译成德、日、英等多种文字，受到国外重视。而与此同时，在国内，《天工开物》并未真正流行，仅是《古今图书集成》《授时通考》《植物名实图考》等书中有过引用，近似失传。到 20 世纪 20 年代，才从日本传回几种翻刻本；1952 年，从浙江宁波发现了一部完整的明崇祯十年（1637）原刻本，归入北京图书馆收藏，1959 年中华书局据此影印，较为流行。常见版本还有 1976 年广东人民出版社钟广言注释本。

《梦溪笔谈》——宋代最著名的科技著作

《梦溪笔谈》是宋代最著名的科学技术著作，作者沈括（1031—1095），字存中，杭州钱塘（今浙江杭州）人，是宋代也是我国古代最卓越的自然科学家之一。一生大部分时间在中央和地方为官，还曾出使过辽。刻苦治学，博闻强记，精通天文、方志、律历、音乐、医药、卜算，均有论著，但多已亡佚不存，现存的主要是晚年所写的《梦溪笔谈》30 卷（包括《补笔谈》3 卷、《续笔谈》1 卷）。

《梦溪笔谈》共分故事、辩证、乐律、象数、人事、官政、权智、艺文、书画、技艺、器用、神奇、异事、谬误、讥谑、杂志、药议17门，有关自然科学条目占255条，约为全书的42%，内容涉及自然观、数学、物理、化学、天学、地学、生物、医药、工程技术等诸多领域。如在天文历法方面，在世界上最早提出太阳历和农历相结合；在地学方面，对地质、地形、地理、地图均有精彩论述，在世界上最早谈及水流侵蚀、冲击作用理论；在物理学方面，对光学、声学、磁学均有深入的研究，在世界上最先发现磁偏角；在数学方面，发明了“隙积术”“会圆术”，“隙积术”是求解垛积（用瓮、缸、瓦盆等物体堆积而成的一种长方台形体），属于高阶等差级数求和问题，“会圆术”是已知圆的直径和弓形的高求弓形的弦长和弧长的方法；在医学和药物学方面，提出了“五难”的新理论，在今天仍有重要的参考价值；在化学方面，对石油开采、胆水炼铜、制盐、冷光均作了一定的科学论述，沈括在书中最早使用“石油”一词；在工程技术方面，书中保存有当时科学技术成就的一些忠实记录，如喻皓的《木经》、毕昇的活字印刷术等，都是我们今天在这方面所能获得的唯一资料，“庆历中，有布衣毕昇，始为活版。其法用胶泥刻字，薄如钱唇。每字为一印，火烧令坚。先设一铁版，其上以松脂蜡和纸灰之类冒之。欲印则以一铁范置铁版上，乃密布字印。满铁范为一版，持就火炀之。药稍镕，以一平版按其面，则字平如砥。若止印二三本，未为简易。若印数十百本，则极为神速”。通过《梦溪笔谈》，我们才知道我国是世界上最早使用指南针和活字印刷术的国家。《梦溪笔谈》不仅有一定的史料价值，属于笔记类著作，而且是一部科技史资料汇编，是宋代最具代表性的集大成的科技著作，在中国科学技术史上具有非常突出的地位，在世界古代科技史上也具有重要地位。著名中国科学技术史专家、英国学者李约瑟称沈括是“中国整部科学史中最卓越的人物”“中国科学史上的坐标”，他的著作《梦溪笔谈》是“中国科学史上的里程碑”。

通行版本有 1975 年文物出版社影印本《元刊梦溪笔谈》、1987 年上海古籍出版社胡道静《梦溪笔谈校证》本、2009 年上海书店出版社金良年点校本《梦溪笔谈》。此外，尚有数种关于《梦溪笔谈》一书自然科学内容的选译本，如 1979 年安徽科学技术出版社《梦溪笔谈译注》（自然科学部分）、1975 年科学出版社《梦溪笔谈选读》（自然科学部分）。

《营造法式》

——宋代最著名的一部建筑学专著

《营造法式》是宋代最著名的一部建筑学专著。作者李诫，字明仲，郑州管城（今河南省新郑市）人，北宋杰出的建筑学家。宋哲宗元祐七年（1092），李诫由曹州济阴县（今山东省曹县北）县尉调到开封将作监（掌管宫室、城郭、桥梁、舟车营造的官署）任职，并渐次由主簿、丞、少监升任到正监。李诫编著《营造法式》与王安石变法有直接关系。此前宋神宗熙宁年间，王安石为解决宋廷的财政经费不足、军事力量不强的现状，在宋神宗支持下，主持了以富国（理财）强兵（整军）为目标的改革活动。出于理财节用考虑，为了规范营造标准、推行标准设计，防止贪污浪费，保证建筑施工质量，下令将作监编修《营造法式》，但直到元祐六年（1091）才完成，大约用了20年时间，称为《元祐法式》。宋神宗去世后，反对王安石变法的司马光上台，尽罢新法，导致该书的编纂受到很大影响，编成后也没有真正施行过。宋哲宗亲政后，下令恢复新法，绍圣四年（1097），敕令当时担任将作监丞的李诫重新编修《营造法式》。李诫长期在将作监任职，主持过多项建筑工程，如五王邸、龙德宫棣华斋、朱雀门、景龙门、九成殿、太庙等均为精巧壮丽的建筑，因而在工程的规划、组织、管理方面具有丰富的经验。加上他学识渊博、多才多艺、勤学好思，除精通建筑外，还擅长书法和绘画。元符三年（1100）书成。

李诫广泛参考前代《考工记》《唐六典》《木经》等建筑史书、专著，以及多种经史著作，还吸收工匠们的经验教训，结合自己多年的建筑实践，纂成《营造法式》。《营造法式》一书正文34卷，加上“看样”（类似于编者说明）1卷，目录1卷，共计36卷。分总例释例、制度、功限、料例、图样五大部分。其中13卷对壕寨、石作、大木作、小木作、雕作、旋作、锯作、竹作、瓦作、泥作、彩画作、砖作、窑作13种176项建筑工程的结构、构件、工料及施工工艺作了系统、细致的规定，类似于现在的建筑工程标准作法；建筑方面一般名词解释2卷；附图6卷；以及对营建的某些规定和数据的相关说明。正文共有357篇，3555条，其中除建筑方面一般名词解释的2卷283条外，其余308篇3272条都来自工匠的实践经验，占全书总条目的90%以上，该书是宋代及其以前我国劳动人民建筑宝贵经验的总结。《营造法式》对后世的建筑技术发展产生了深远影响。元代水利工程技术中关于筑城部分的规定，几乎完全同于《营造法式》的规定；明代的《营造法式》和清代的《工部工程做法则例》也吸取了其中很多内容。它记载的诸多建筑经验和知识直到今天仍有重要参考价值。1920年江苏省图书馆重刊该书，大量流传到日本和欧美各国，引起国外建筑学界的高度重视。

通行版本有影印文渊阁《四库全书》本、《丛书集成初编》本。

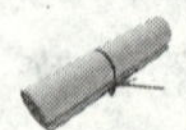

《授时历》

——我国历史上施行最久的一部历法

《授时历》是我国历史上施行最久的一部历法。编制者郭守敬（1231—1316），字若思，邢州邢台（今河北省邢台市）人，元代最著名的科学家，13世纪世界上杰出的科学家

之一。在天文学、数学、水利工程技术、仪器制造方面多有成就，仅天文历法著作就达 14 种 150 卷。1970 年，国际天文学会将月球背面的一座环形山定名为“郭守敬”；1977 年，中国科学院紫金山天文台 1964 年发现并被国际上确认的一颗小行星命名为“郭守敬”。

元世祖忽必烈时，郭守敬先被任命提举诸路河渠，负责整修管理各路河渠事务；随后又被提拔担任副河渠使、都水少监、都水监、工部郎中等官职。曾主持兴修华北一带水利工程和发展农田水利事业，修整西夏（今甘肃、宁夏一带）沿黄河一带的古灌溉渠道，奉命勘察黄淮平原地形和通航水陆，为建立水上交通站作出过杰出贡献，同时也积累了丰富的实践经验。

元初沿用金代的《重修大明历》（南北朝时祖冲之编制《大明历》，金代加以修订），日久不宜继续使用。1276 年，忽必烈下令设立太史局，将郭守敬从工部调到太史局，协助王恂编制新的历法。为了制定好历法，郭守敬仔细研究了自西汉以来的 70 种历法，找出其优劣所在；太史局积聚了当时一大批天文观测人员和能工巧匠，郭守敬带领大家检查并改进旧仪器，研制出新的天文仪器仪表如简仪、仰仪、正方案、高表、景符等近 20 种；在大都建成“司天台”，并且在全国各地又设立了 26 个观测点，范围波及南北 11000 里、东西宽 6000 余里，依靠天文仪器进行大规模的天文观测活动，郭守敬亲自组织参与，获得了许多重要的观测资料。在大量观测资料的基础上，郭守敬和王恂编制成新历法《授时历》，取名《尚书·尧典》“敬授民时”一语。1281年开始在全国颁布施行，直到1643年，使用时间长达363年，是我国历史上使用时间最长的一部历法。《授时历》能编制成功，郭守敬的测验和推步起了决定性的作用。

《授时历》也是我国古代最精密的一部历法，以365.2425日作为一个回归年，以小时计算是365日5时49分12秒，比地球绕太阳公转一周的实际时间只差26秒，这样经过3320年后才相差一天，跟目前国际通用的格里历完全相同，但格里历实行比《授时历》晚了整整300年。《授时历》的二十八宿距度，依据当时实测，精度很高。《授时历》创立了相当于球面三角公式的算法，计算天体的黄道坐标和赤道坐标的相互变换，也达到了较高的精确度。

1976年中华书局点校本《元史·历志》载有《授时历》2卷，是最为通行易见之版本。

《伤寒杂病论》
——汉代最著名的一部临床医学著作

《伤寒杂病论》是汉代最著名的一部临床医学著作，作者张仲景（150—219），名机，字仲景，东汉南阳郡涅阳（今河南省南阳市）人。从小对医学产生浓厚兴趣，后拜同郡名医张伯祖为师习医，学成后在各地行医，逐渐掌握诸多临床经验；同时注意搜求前人遗留下的经验方药，“博采众方”；研究前代医学典籍如《内经》《难经》等，“勤求古训”；以及吸收同时代医家的经验良方。在几十年的医学实践中，逐渐加以汇总整理，最后写成了《伤寒杂病论》这部医学名著，约成书于建安十年（205）之后。

《伤寒杂病论》原书共16卷，包括“伤寒”和“杂病”两部分。书成后，由于兵火战乱，以致散佚不全。“伤寒”部分经晋朝王叔和整理、编次而成《伤寒论》流传，“杂病”部分由宋人王洙（一说仍由晋人王叔和）整理成《金匮要略》。宋代林亿等人曾对此两部分内容校勘后分成《伤寒论》和《金匮要略》两部书，流传至今。《伤寒论》10卷，22篇，计397条，载有113方，内容专讲急性传染病，理、法、方、药齐备，成为后世辨证施治的典范。《金匮要略》原本6卷，现存本为3卷，25篇，计139条，载有262方，讲各种杂病，包括内科、外科、妇科、儿科、饮食卫生等内容。分类简明，辩证切要。在病因上最早提出了“三因”（内因、外因、不内外因）学说；在诊断上提出了察色、闻声、切脉的具体方法；所用药物达214种。被后世尊为“方书之祖”，为中医内科学和方剂学奠定了基础。

《伤寒杂病论》创造性地继承了《内经》（即《黄帝内经》，我国现存最早的内容较完整的医学典籍，主要内容是先秦时期医疗经验和医学理论的总结）的学术思想，灵活运用了《内经》的阴阳五行、脏腑、经络等学说，并和它的“四诊”（望、闻、问、切）、“八纲”（阴、阳、表、里、寒、热、虚、实）有机联系起来，总结了中医辩证论治的丰富经验，确立了辨证论治的理论体系。

《伤寒杂病论》系统总结了汉代以前的医学理论和临床经验，奠定了中医治疗学（辩证论治）的基础，在中国医学史上产生了深远影响，占有重要地位，成为中医经典著作之一。后世习医者视为必读之书，宋代列为官办医学教材之一，后代医家作了大量研究阐发。还曾引起日本、朝鲜及东南亚各国医学界的高度重视。

常见版本有：1955 年重庆人民出版社本《伤寒论》；1956 年人民卫生出版社影印覆宋本和 1955 年商务印书馆铅印本《金匮要略》。

《千金要方》

——我国现存最早的临床实用医学百科全书

《千金要方》，全称《备急千金要方》，是我国现存最早的临床实用医学百科全书。作者孙思邈（581—682），隋唐京兆华原（今陕西省耀县）人，自幼体弱多病，为医病而耗尽家产，遂立志学医。于是广泛阅读前代医书《内经》《伤寒杂病论》《神农本草经》等，兼及其他书籍，“博采群经，删繁裁重”，同时注意搜集、钻研民间方药，一边行医一边学习，逐渐掌握了丰富的医学知识，具备了较高的医术，20多岁就在医学上负有盛名。隋唐朝廷邀其入仕为官均遭拒绝，坚持行医为民除病。孙思邈具有高尚的医德，在长期的行医实践中，鉴于过去流行的方药书籍浩博庞杂，分类也不尽妥当，于是有志编写一本新的实用性较强的医书。唐高宗永徽三年（652）撰成《备急千金要方》一书，后来感觉到此书也不够完善，681年，他以百岁高龄完成了《千金翼方》，对《备急千金要方》予以续补。次年他就去世了。《千金要方》和《千金翼方》之所以以“千金”为名，孙思邈认为“人命至重，有贵千金。一方济之，德逾于此”。

《备急千金要方》30卷，总编232门，以人体脏腑进行分类，接近现代临床医学分类方法，合方、论5300首，包括了中医妇、儿、五官、内、外各科及解毒、急救、食治、按摩、脉学、针灸等内容。该书集唐代以前医学之大成，又注入了自己的临床经验；总结了大量民间流传的方药经验，保存了许多历代医学文献资料，搜集了不少我国边疆少数民族常用的单方和验方，也吸收了一些国外医伤治病和保健的有效方法。其医学成就在于全面总结了历代和当时医药学的丰富经验，大量总结推广了群众的发明创造，如用动物肝脏治疗夜盲症，用谷皮治疗脚气病等；重视妇幼医疗保健；大大发展了食疗法。《千金翼方》是对《备急千金要方》的续编，共30卷，对《千金要方》全面补充，重点在伤寒、本草、中风、杂病和疮痈等，书中全文收录了当时在一些地区已经失散了的《伤寒杂病论》，孙思邈结合自己的经验对它进行了综合整理。

《千金要方》和《千金翼方》两书实用性较强，一直在民间流传，有人甚至把其中较重要的药方刻在石碑上，并尊称孙思邈为“药王”。在日本、朝鲜等国广泛流传，还引起美、德等国学者高度重视。

常见版本有1955年人民卫生出版社影印覆宋本《备急千金要方》，1982年重印。

《本草纲目》——我国古代最大的一部药典

《本草纲目》是我国古代最大的一部药典。作者李时珍(1518—1593)，字东壁，晚年自号濒湖，湖北蕲州（今湖北省蕲春县蕲州镇）人。生于医学世家，祖父为走街串巷的“铃医”，父亲李言闻为当地名医，撰有数种医学著作。李时珍自幼体弱多病，经父亲多方调理，十岁时逐渐恢复好转。家乡多山，李时珍从小随父亲、哥哥上山采集草药，帮助父亲抄写医方，听父亲讲解草药知识，从而具备了一定的医学知识。14岁中秀才，后来三次乡试均未中，遂决心从医，24岁时开始行医。在长期的行医过程中，逐渐认识到识药、用药在医生治病过程中的重要性，而当时流行的诸种本草书（一般称中药为“本草”，中药学即“本草学”。汉代有《神农本草经》，是我国现存最早的本草书，收集药物 365 种；南朝陶弘景著《神农本草经集注》，补充魏晋间常用药物 365 种；唐朝敕编《新修本草》，增加药物 114 种，加绘药物图 25 卷；宋代唐慎微编《证类本草》，收药物 1746 种，载药方 2935 个）历时久，存在不少弊端，于是决心编写一部新的本草书以便使用。

为了完成医书编纂，李时珍参阅了不少本草书籍，摘抄其他书籍中的大量相关资料，“凡子、史、经、传、声韵、农圃、医卜、星相、乐府诸家”，参考书籍达 800 余种，写了不少读书笔记，订正错误，补充遗缺；在民间行医中多方向农民、渔民、樵夫、药农、铃医请教，搜集药物知识；长期亲自上山采药，动手实践，观察研究。1552 年时，开始编写工作，以唐慎微《证类本草》为蓝本，历时 27 年、经过三次大的修改，1578 年时终于完成《本草纲目》的编写。《本草纲目》52 卷，190 多万字，共分水、火、土、金石、草、谷、菜、果、木、服器、虫、鳞、介、畜、禽、人 16 部，每部又分若干类，总计 62 类。在安排分类次序时，先为无生物，后是生命物质；先植物，后动物；先叙述低级生物，后叙述高级生物。书中收载药物 1892 种，对每种药物，以“释名”确定名称；“集解”叙述产地、形态、栽培及采集方法等；“辨疑”“正误”考订药物品种真伪和纠正历史文献记载的错误；“修治”说明炮炙的方法；“气味”“主治”“发明”分析药物的性味和功用；“附方”搜集前代医家和民间流传的方剂共 11096 首，其中李时珍亲自搜集的民间药方就有 8161 个，其余部分系从历代本草书中挑选而出，并附录 1110 幅药物形态图。以病带药、以药带方，阅读方便，实用性强。

《本草纲目》既是一部药物学巨著，同时还是一部详明的植物学、动物学、矿物学专著。记载植物 1094 种、动物性药物 445 种、矿物学药物 276 种，在化学方面也有不少独到见解。

《本草纲目》于 1593 年在南京首次刊行；1603 年，在江西得到翻刻，之后风靡全国，深受人们喜爱，不断覆刻、翻印；1606 年传入日本、朝鲜，后被译成日文、德文、法文、英文、俄文，流传到世界各地，被誉为“东方医学巨典”。对我国医药学发展起了巨大作用，对世界医药学界亦产生了深远影响。清代时，赵学敏编《本草纲目拾遗》，1756 成书，1864 年刊行，纠正《本草纲目》记载的一些错误，补充《本草纲目》未收的药物 716 种，近代通用的药物，凡《本草纲目》不载的，大多在此书可以见到，如西洋参、冬虫夏草等。

常见版本有：1954 年商务印书馆本、1957 年人民卫生出版社本、1993 年上海科技出版社影印明刊本。

第六章

文学典籍

在中国的传统文化中，文学占有举足轻重的地位。在中国传统的经、史、子、集四部分类法中，文学典籍归入集部；在中国传统典籍总汇的《四库全书》中，集部数量最大。在《四库全书总目提要》中，集部包括楚辞、别集、总集、诗文评、词曲（下分词集、词选、词话、词谱词韵、南北曲5属）5个大类。收个人诗文词者谓之别集，收多人诗文词者谓之总集，诗文评是指文论专著以及诗话、词话、文话。《四库全书》限于编者偏见，未收戏曲、话本和章回小说。

在中国的传统文化中，文学占有举足轻重的地位。在中国传统的经、史、子、集四部分类法中，文学典籍归入集部；在中国传统典籍总汇的《四库全书》中，集部数量最大。在《四库全书总目提要》中，集部包括楚辞、别集、总集、诗文评、词曲（下分词集、词选、词话、词谱词韵、南北曲5属）5个大类。收个人诗文词者谓之别集，收多人诗文词者谓之总集，诗文评是指文论专著以及诗话、词话、文话。《四库全书》限于编者偏见，未收戏曲、话本和章回小说。

在中国文学发展的不同时期，各有其代表性的文学成就，如我们经常所说的先秦散文、汉赋、六朝骈体文、唐诗、宋词、元曲、明清小说，就是在不同历史时期出现的最有成就的文学体裁及作家作品。按照现在通行的分类方法，中国古代文学大致包括散文（骈文）、诗歌（词）、戏曲、小说、文学批评（文学理论）五类。

《楚辞》

——一部汇集楚人特有诗歌形式创作的诗歌总集

“楚辞”是战国时楚国的伟大诗人屈原（前 340—前 278）在楚地民歌基础上创制的一种新的诗歌形式，与《诗经》收录的诗歌相比，篇幅扩大，句式较长，不采取回环复沓的形式，富有浪漫主义色彩，具有“书楚语、作楚声、纪楚地、名楚物”的浓厚地方特色。屈原之后，楚人宋玉、唐勒、景差等人均作模仿；汉代以来，模仿这种形式的诗歌更是大量被创作。因其为楚人屈原独创，又具有楚地特色，形式特殊，故自汉代以来，这种诗歌形式就被称为“楚辞”，也被称为“赋”。西汉末年，刘向辑录屈原、宋玉等汉人模仿的作品汇为一书，名为《楚辞》。因此，“楚辞”既是一种楚人创作的诗歌形式的名称，也是一部诗歌总集的名称。

西汉刘向辑录的《楚辞》共计 16 篇，包括屈原的《离骚》《九歌》《天问》《九章》《远游》《卜居》《渔父》《招魂》，宋玉的《九辩》，景差的《大招》，贾谊的《惜誓》，淮南小山的《招隐士》，东方朔的《七谏》，严忌的《哀时命》，王褒的《九怀》，刘向的《九叹》。《楚辞》的成就与水平与《诗经》相媲美，对中国古代文学产生了巨大和深远的影响。

“楚辞”这种诗歌形式由屈原首创，作为诗歌总集的《楚辞》中收录屈原作品数量最多，占到一半，水平最高，具有极高的思想性和艺术性，屈原因之被称为中国文学家的鼻祖。由于屈原的《离骚》是楚辞的代表作，后人也称“楚辞”为“骚体”，或用“骚”代称《楚辞》。

东汉时，楚人王逸为《楚辞》作注并附其作《九思》于卷末而成17卷，名为《楚辞集注》，先解释字词，后说明句意，大致保存了东汉以前各家研究楚辞的成果，是流传至今最早最完整的注本。南宋洪兴祖撰《楚辞补注》17卷；朱熹作《楚辞集注》8卷，另附《楚辞辨证》2卷，《楚辞后语》6卷；清陈本礼撰《楚辞精义》6卷，均为后代较好的注本。

朱熹《楚辞集注》并《楚辞辨证》《楚辞后语》，通行易见的有1979年上海古籍出版社出版点校本。便于参看的选注本有：马茂元《楚辞选》，人民文学出版社，1958年；陆侃如、高亨《楚辞选》，古典文学出版社，1956年；金开诚《楚辞选注》，北京人民出版社，1980年。

《文选》——一部先秦至南朝梁的诗文辞赋总集

《文选》是南朝梁萧统招聚文学之士共同选编的一部先秦至南朝梁的诗文辞赋总集，也是现存最早的一部古代文章总集。萧统（501—531），梁武帝萧衍长子，信佛能文，喜引纳才学之士，好文章著述，身为太子未及即位而卒，谥“昭明”，世称昭明太子，《文选》又被称为《昭明文选》。

《文选》选录了从周代到六朝七八百年间 130 位知名作家及部分佚名作者的诗文辞赋 700 余篇，作者均为各个时代极具代表性的，作品详近略远，多晋代以后的。全书共 60 卷，按文章分体分类，分为赋、诗、骚、七、诏、册、令、教、文、表、上书、启、弹事、笺、奏记、书、檄、移、对问、设论、辞、序、颂、赞、符命、史论、史述赞、论、连珠、箴、铭、诔、哀、碑文、墓志、行状、吊文、祭文 38 类，大致可以概括为诗歌、辞赋、杂文三类。在《文选序》中萧统言明将经、史（《文选》仅收录史书的论赞）、子排除在文学范畴之外不收，只收“事出于沉思，义归乎翰藻”的诗文。辞藻华丽、声律和谐的楚辞、汉赋和六朝骈文占了相当的内容比重，平易自然、质朴的诗文及两汉、南北朝的乐府民歌选得较少，绝体诗和咏物诗不收，诗歌多选对偶诗句比较严谨的谢灵运、颜延之等人的作品。今天看来，尽管萧统编选《文选》时收录诗文的标准有些狭隘，但对于研究南朝梁以前文学具有重要的资料价值；《文选》有保存诗文作品之功，此前的不少诗文赖此书得以传世。

《文选》编成后，逐渐流传开来，影响日大，不断有人对其进行研究和注释，隋代时成为一门专门学问——“文选学”，唐初有“选学”之目。唐宋时，科举考试作诗赋注重文采，《文选》更是得到重视。唐人李善在显庆年间注释《文选》，并析为60卷，注文收集资料较多，成为《文选》注释的集大成者，价值较大。开元六年（718），又有工部侍郎吕延济、刘良、张铣、吕向、李周翰等五人合注《文选》问世，称为“五臣注”。南宋时，曾将“李善注”和“五臣注”合刻，称为“六臣注”。但唐宋人多认为“五臣注”水平不及“李善注”，后人研究《文选》多仍以“李善注”为依据。

常见版本有：1977年中华书局影印本，16开，3册；1986年上海古籍出版社整理本，6册。

《玉台新咏》

——南北朝时一部多收宫体诗的诗歌总集

《玉台新咏》是南朝徐陵选编的一部多收宫体诗的诗歌总集。徐陵（507—583），字孝穆，今属山东人，自幼聪慧，稍长广涉文史书籍，口才善辩，仕梁、陈，官至尚书左仆射、中书监。诗作以轻靡绮艳见称，为当时流行的宫体诗代表作家之一，与庾信齐名，世称“徐庾体”，其创作对当时的文风有一定影响。所著有《徐孝穆集》6 卷（原集已佚，后人辑录而成），编有《玉台新咏》10 卷。

《玉台新咏》旨在“撰录艳歌”，选录了汉魏到梁代内容关乎男女闺情的诗歌 769 篇，内容大致是离愁别恨、伤遇感时、中道弃捐、心赏难恃等感情生活的悲欢离合，依次分为古体五言诗 8 卷、歌行 1 卷、五言二韵诗 1 卷共计 10 卷，以时代先后排序，作者包括当代人，一部分诗作作者佚名。“玉台”本为“后庭”之意，《玉台新咏》是一部供给后庭歌咏的诗集，有学者认为，该书是徐陵秉承梁简文帝萧纲的意旨而为梁元帝萧绎的徐妃所编的一部供其排忧遣闷或阅读学习的读物，其中收录萧纲的作品竟达 109 首，不少奇艳淫靡，被后人诟病为几近下流。《玉台新咏》选录诗作与《文选》不同，多取语言明白易解者，如汉时童谣歌、晋惠帝时童谣歌及古绝句；便于歌咏的乐府诗篇；情调类似吴声西曲者；此外，所选五言绝句对唐代绝句发展有促进作用。《玉台新咏》是研究汉魏两晋南北朝时期以妇女生活为题材的诗歌的珍贵资料。

《玉台新咏》收录的诗篇具有较强的现实性，其中一些诗篇表现了男女真挚爱情和妇女生活中的痛苦，如《陌上桑》《怨诗》《古诗为焦仲卿妻作》。名篇《古诗为焦仲卿妻作》代表了汉代乐府民歌发展的最高峰，最早收录见于《玉台新咏》；曹植《弃妇篇》和庾信《七夕》也因该书辑录得以流传，因而有保存作品之功。

清吴兆宜《玉台新咏注》10 卷，有民国时中华书局《四部备要》本；清纪容舒撰《玉台新咏考异》10 卷，有丛书集成本。

常见版本有：1955 年文学古籍刊行社影印明刊本；1985 年中华书局排印本。

《乐府诗集》

——一部编集先秦至唐五代乐府歌辞和歌谣的总集

《乐府诗集》是宋人郭茂倩编集的一部先秦至唐五代乐府歌辞和歌谣的总集。郭茂倩，今山东东平人，生平事迹不详，有人认为大致生活于南宋孝宗、光宗时代或南宋后期，曾任侍读学士。

乐府诗产生于汉代，原本来自民间，汉代乐府官署从民间采制的诗歌始称为乐府诗，后来把可以入乐的诗歌以及模仿乐府古体的作品统称为乐府。汉代乐府采录民歌以入乐，统治者借此以观民风，故最初采制的乐府诗多能反映民众疾苦和实际生活状况，具有强烈的现实主义精神，乐府诗这种优良传统为后代文人写作乐府所继承。汉代乐府官员利用民间这种艺术形式拟写了一些歌功颂德的乐章，如郊庙歌辞之类；民间创作的一些形式新鲜活泼、音调优美合律的诗篇得到政府官员欣赏和保存；文人也注意吸收民间这种创作形式并加以拟作，使这类作品数量逐渐增多。乐府显著的特点是叙事诗较多，且有长篇叙事诗，能够比较深入地反映当时的社会生活，如《病妇行》《孤儿行》《孔雀东南飞》《木兰辞》；出自不同地域的乐府歌词表现了各地的地方特色，如《敕勒歌》《巴东三峡歌》；文人所写的乐府名作如曹操《蒿里行》、蔡文姬《胡笳十八拍》。到了唐代，有成就的诗人在沿袭乐府题外又创造了一些即事明篇的新乐府，以中唐的元稹、白居易为代表，形成了新乐府运动。

《乐府诗集》100 卷，分郊庙歌辞、燕射歌辞、鼓吹曲辞、横吹曲辞、相和歌辞、清商曲辞、舞曲歌辞、琴典歌辞、杂曲歌辞、近代曲辞、杂歌谣辞、新乐府辞 12 门类，每类均有总序，每曲有题解，对各种曲调及歌辞的起源与发展均有考订；每题以古辞居前，后人仿作列后，资料较为丰富。辑录汉代到唐五代的乐府歌谣，兼及先秦至唐代歌谣，包括民间歌谣、文人作品、乐曲原词与后人仿作，总计 5000 余首。其中相和、清商、杂曲、新乐府诸类，优秀作品较多。本书是以音乐的曲调为纲来著录歌辞，对一些古辞业已亡佚而曲调对后人有影响的乐曲都作了说明，对各类乐曲的起源、性质及演唱时所使用的乐器都作了比较详细的介绍和说明。汉代以后，民歌被保存下来的极少，郭茂倩所编《乐府诗集》

对歌功颂德的乐章和民间创作的一些诗篇均有所选录，从各类古籍中辑录的经文人写定的民歌占《乐府诗集》内容的十分之一，最值得珍视，由此可以略见前代民歌的原貌。

常见版本有：中华书局1979年标点本；人民文学出版社2010年影宋本；人民文学出版社余冠英选注本《乐府诗选》。

《全唐诗》——清代官修的唐诗总集

唐代文学的最高成就是诗歌，唐、宋两代，已有人汇集唐诗，但不完备。明末胡震亨（1569—1645）编《唐音统签》1333卷和清初季振宜（1630—1674）编《唐诗》（据钱谦益的残稿修补而成）717卷，采集宋元以来刊刻、传抄的唐人别集，并搜求遗佚、补辑散落，成为收罗较广的唐诗总集。康熙四十四年（1705）三月南巡，命通政使司通政使曹寅在扬州设立“全唐诗局”，曹寅担任校阅刊刻官，带领校对官彭定求、杨中讷等十人开始编纂《全唐诗》，经过一年又八个月的时间，次年十月书成，把当时可以见到的唐人诗篇基本上收齐，共900卷。康熙御制序中称“朕兹发内府所有《全唐诗》（指季本《全唐诗》），命诸臣合《唐音统签》诸编，参互校勘，搜补缺遗”。《全唐诗》编纂时，基本照抄季氏《全唐诗》，适当参考《唐音统签》，曹寅等人加以整理修饰而编成。“得诗四万八千九百余首，凡二千二百余人”，后人多从此说；其实据日本学者平冈武夫统计，《全唐诗》共收诗 49403 首，句 1555 条，作者共 2873 人。后人研究发现，《全唐诗》除采集季、胡二书外，仅增加唐诗 300 余首。

《全唐诗》收录的次序，首诸帝，次后妃，次宗室诸王，次公主嫔妃，南唐、吴越、闽、蜀诸国主附诸王后；次乐府诗；次作者诗，以时代先后排列；次无名氏诗，次联句、断句，次名媛，次僧、道、仙、神、鬼，次梦、谐谑等，次补遗，次词。作者涵盖了帝王后妃、官员、名流大家、平民百姓、僧道人员、无名氏，作品包括唐诗别集及零章碎句。《全唐诗》的编法，先为“乐府”，后为“长短句”（词），每一作家都撰有简要的小传，诗篇中间有校注，注有异文，考订字句异同及篇章互见情况，虽联句、谚语、谜语、酒令、占辞、谐谑等，莫不广加搜罗。诗史互证，《全唐诗》对于研究唐代历史、社会、文化、文学具有积极的参考价值。但《全唐诗》编纂时间短，有缺点存在，时有作家、作品重出；有误收、漏收；小传、注文有错误；排列也有不当。《全唐诗》也不可能将唐诗收全齐备，后人间有辑补，集大成者如王重民等辑录《全唐诗外编》二册，中华书局 1982 年出版；今人陈尚君辑校《全唐诗补编》三册，中华书局 1992 年出版，可以取代前者。

常见版本有：中华书局 1960 年点校本，32 开，平装 25 册；上海古籍出版社 1986 年影印本，16 开，2 册。

《唐诗三百首》

——清人选编的一部流传最广的唐诗选集

唐代是诗歌发展的一个高峰时期，一般以诗歌作为唐代文学的最高成就，故有唐诗宋词元曲并称之说。从盛唐到清末，唐诗的选本就有上百种，但流传最广的要算清人沈德潜编《唐诗别裁集》和孙洙选编《唐诗三百首》，而《唐诗三百首》流传最广、影响更大。康熙年间，沈德潜与同乡诗友陈培脉合编《唐诗别裁》书成，乾隆时沈德潜重订，收诗歌近2000首，较全面地反映了唐代诗歌在各个不同时期的发展面貌，阅读价值高于前代选本，故而流传较广。《唐诗别裁》编行之后不久，清人蘅塘退士编成《唐诗三百首》，问世不久就“风行海内，几至家置一编”。蘅塘退士（1711—1778），原名孙洙，江苏无锡人，乾隆间进士，曾任数县知县，为官清正，勤勉好学，鉴于家塾儿童所授《千家诗》选诗标准不严，体裁不备（只有五、七律绝句二体），体例不一，他和继室夫人徐兰英决定共同选编一本供“世俗儿童”用作“家塾课本”的唐诗选本，选诗标准是“因专就唐诗中脍炙人口之作，择其尤要者”，以体裁为经，以时间为纬，乾隆二十九年（1765）书成。有人说书名《唐诗三百首》脱胎于民谚“熟读唐诗三百首，不会做诗也会吟”，有人说取自“诗三百”。实际上《唐诗三百首》收诗并非只有300首，流行说法是收诗310首，其实历代刻本有321、317、310、302首等多种，后代较为流行的光绪年间四藤吟社本收诗313首。较早的刻本分作6卷：五古、七古、五律、七律、五绝、七绝；后来又有8卷本，把七古分为2卷，将七言乐府独立为1卷。

《唐诗三百首》之所以经久不衰，原因大概在于所选诗歌篇目适度；作者面较广，所选诗人77位，以李白、杜甫、王维为骨干；注重作品的艺术性，且能多方面反映唐代文化的面貌；讲求实用价值，如五言诗多有涉及家庭、亲戚关系、朋友往来者，七绝中多有爱情诗和描写相思、闺怨、宫怨者；且是经过长期时代考验而能为大多数人接受的作品，带有普遍意义，老幼皆宜，雅俗共赏，既好又易诵。《唐诗三百首》屡印不止，成为最经典的选本之一，成为传统中国儿童最成功的启蒙教材之一，并且成为了解中国文化的模范读本，对中国诗歌选编学、中国人的文化心理都有很大的影响，至今流行不废。《唐诗三百首》被中国世界纪录协会收录为中国流传最广的诗词选集。

道光时上元女士陈婉俊作了补注，成《唐诗三百首补注》8卷，简明切实，文学古籍刊行社1956年据四藤吟社本断句排印出版；中华书局1957年出版喻守真《唐诗三百首详析》，通行易见。

《全上古三代秦汉三国六朝文》

——一部上古到隋代的文章总集

《全上古三代秦汉三国六朝文》是清人严可均编纂的一部上古到隋代的文章总集。严可均（1762—1843），字景文，号铁桥，浙江乌程（今浙江吴兴）人，嘉庆朝举人，擅长音韵文字之学，著有《说文声类》《说文校议》《铁桥金石录》《铁桥漫稿》。嘉庆十三年（1807），清政府开“全唐文馆”，广邀天下名士，编成《全唐文》1000 卷，严可均未被邀请，慨然发奋决定编纂唐以前的文章为一编，与《全唐文》衔接，于是从 1808 年动手，前后经历了 27 年，终于完成了这部文章总集的编纂，但直到严可均去世，此书一直未能刊印。光绪年间，王毓藻集合 28 个文人用了 8 年时间、经过 8 次校雠才将严可均的原稿校雠刊出。

《全上古三代秦汉三国六朝文》共 746 卷，收录作者 3497 人，按时代先后编为 15 集，包括《全上占三代文》16 卷、《全秦文》1 卷、《全汉文》63 卷、《全后汉文》106 卷、《全三国文》75 卷、《全晋文》167 卷、《全宋文》64 卷、《全齐文》26 卷、《全梁文》74 卷、《全陈文》18 卷、《全后魏文》60 卷、《全北齐文》10 卷、《全后周文》24 卷、《全隋文》36 卷和《先唐文》（仅知作于唐代以前而不能确定作者时代）1 卷。每集作者又分帝、后、宗室诸王、群雄、诸臣、宦官、列女、阙名、外国、释氏、仙道、鬼神等。全书计有3625家，每家录文一二篇到十余卷不等，其文分为骚、赋、制、诏等70体，所录有3400余家，绝大多数作者前均有小传。本书收录资料相当广泛，力求广备，鸿篇巨制、佚文断句，都加辑录，搜罗唐以前文章较为完备；加上每篇均注明出自某书某卷，便于查对。该书对于研究唐代以前的历史、文化、文学具有重要的资料价值。中华书局影印此书的“出版说明”指出该书的缺点在于有不辨真伪、采录不当者；有重出之文等等。

常见版本有：中华书局1958年影印本，1965年再版重印。

《全唐文》——清代官修的唐五代文章总集

《全唐文》，1000卷，是清朝嘉庆年间官修的一部唐五代文章总集。嘉庆十三年（1808），鉴于康熙时编修《全唐诗》影响甚大，有意仿效，而内府所藏陈邦彦在雍正年间至乾隆初所编《全唐文》（收文一万几千篇，作者1700多人）“体例未谐，选择不精”，朝廷下诏编修《全唐文》，任命董诰为总裁官，并组建了庞大的编纂班子，实际参与编修的有50人，前期主持者为董诰、法式善，而孙尔准、胡敬、陈鸿墀等始终参与负责，最终完成全书编纂。《全唐文》编修初期，著名学者徐松受董诰委托主持编务，参照陈本，匡定编纂体例，并开始勾稽唐文工作，期间徐松“假公济私”，让编纂人员从《永乐大典》中辑录《宋会要》达五六百卷，一年稍多后徐松外任湖南学政；徐松之后孙尔准实际主持编纂；《全唐文》的作者小传多出自胡敬之手；陈鸿墀于全书校勘编纂，用力最勤。编纂过程中，采用过的资料非常广博，“《四库全书》若干部、天下府厅州县志若干部、金石碑版文字若干纸，而又阅《永乐大典》二万卷、释藏八千二百卷、道藏四千六百卷”。经过参编人员大量艰辛工作，6 年后，完成了编纂工作。很快送往扬州开馆刊校，著名学者孙星衍、顾千里等均参校，历时三年方刊成，称为内府刻本。共收录文章 18488 篇，作者 3042 人，每一位作者都附有小传。

编纂《全唐文》时曾参考《全唐诗》体例，内容编次以唐及五代诸帝居首，其次是后妃、诸王、公主，再次为各朝作者、释道、闺秀，宦官、四裔附编书末。《全唐文》采摘书籍非常广博，所收文章多有后代别集亡佚或别集失收者，具有保存文献之功，加上编纂时考证校勘较为精密，因而具有较高的研究利用价值。成为今人研究唐五代文学、历史、文化的珍贵资料。

但《全唐文》也存在作者、小传、录文错误者，有误收重收，清人劳格和今人岑仲勉、陈尚君均多所撰文指出。后代订补《全唐文》者有参与编纂的陈鸿墀、阮元，均撰成

《全唐文补遗》；清末大藏书家陆心源撰《唐文拾遗》《唐文续拾》，新增近3000篇；今人周绍良主编《唐代墓志汇编》及《续编》，陈尚君辑《全唐文补编》，以及《隋唐五代墓志汇编》；集大成者为陕西省古籍整理办公室编《全唐文补遗》，大量收录新发现的考古材料，已经出版十余辑。

通行本有中华书局和上海古籍出版社均影印清嘉庆内府刻本，附录陆心源的两种《拾遗》。

《文心雕龙》——我国第一部文学批评专著

《文心雕龙》是我国第一部文学批评专著。作者刘勰，南朝时人，祖籍山东莒县（今山东省莒县），20岁时起参与校订佛经、钻研佛教经典，达十年之久。鉴于当时文学创作追求绮艳新奇，滋生出务华少实、内容失真的流弊，且魏晋以来的文学批评“各照隅隙，鲜观衢路”（只看到一角，很少能看到全体）的偏颇和不足，他开始写作《文心雕龙》，全书贯彻了他提倡宗经，通过学习《五经》的朴实风格，改变当时浮靡文风的编纂思想，该书用骈文写作，完成于梁初。沈约读后，大加赞赏，推荐其进入仕途，官至东宫通事舍人，也深得昭明太子欣赏，531年后皈依佛门，最后死于佛寺。

《文心雕龙》10卷，分上下编，各25篇，3.7万字。全书内容大致包括几方面：上编前5篇，从《原道》至《辨骚》，是全书的总论，即作者认为文学批评体系的根本原则，所谓“文之枢纽”；从《明诗》到《书记》的20篇，是作者的文体论，论各种文体的性质、源流演变、体制和规格要求，其中前10篇论有韵之文，后10篇论无韵之笔；从《神思》到《总术》的19篇，是创作论，论写作方法与技巧；《时序》《物色》《才略》《知音》《程器》5篇属于杂论，主要是文学史论和批评鉴赏论；最后一篇《序志》是全书的总序，叙述作者写作此书的动机、态度、原则。

章学诚认为“《文心》体大而虑周”，体大即论述全面、虑周即体系完整。刘勰在《文心雕龙》中全面总结了各种文体，对文学理论进行了全面论述，初步建立起发展的文学史观、文学批评的方法论；提出内容先于形式、内容形式并重的理论；并从创作的各个环节总结了创作的经验，从而用来指导写作。《文心雕龙》论及了当时文学的诸个方面，又自成统一体系，成为我国最早的文学批评著作，在中国古代文学发展史上具有独特的价值和地位，后代学者如刘知几、孙光宪、胡应麟、章学诚等对其评价很高，《文心雕龙》对后世产生了巨大影响。近现代学者研究该书者甚多，如黄侃、范文澜、刘永济、王利器等，遂产生了一门专门研究《文心雕龙》的学问——“龙学”。

宋代以来就有对《文心雕龙》注释者，代表作有黄侃《文心雕龙札记》、范文澜《文心雕龙注》、王利器《文心雕龙校证》。适合初学者利用的有周振甫《文心雕龙注释》，人民文学出版社，1981 年；译注本如陆侃如、牟世金《文心雕龙注译》，齐鲁书社，1981 年；周振甫《文心雕龙今译》，中华书局，1986 年。

《花间集》——我国最早的文人词总集

《花间集》是我国最早的文人词总集。编者赵崇祚，五代后蜀人，生卒、里籍不详。此书选录了唐开成三年（836）到后晋天福五年（940）间 18 位文人词家词作 500 首，除温庭筠、皇甫松、和凝三位外，其余 15 位均与前蜀、后蜀有关系。花间派词人继承了温庭筠的词风，故选录其词 66 首，并且置于卷首；温庭筠是唐代写词最多、影响最大的词作家，其词以声调色彩之美著称，多写闺情，辞藻华丽，风格浓艳，尽管内容多为后人诟病，但艺术上有较高的造诣。

文人填词，在晚唐、五代已经较为普遍。唐末中原动乱，一批文人入蜀避乱，在他们的直接影响下，填词风气在蜀地渐趋流行、兴盛，前蜀、后蜀成为晚唐五代十国时期词作最为发达的地区。一批蜀地词人竞相模仿温庭筠的词风，填词以描绘闺中妇女生活为特点，互相唱和，形成了花间词派（花间派后来成为中国文学史上一个著名的流派）。越崇祚所辑《花间集》，得名源于集中作品内容多写上层贵妇美人的日常生活和装饰容貌，而美妇素用花来比喻形容，写女人之媚的词集故称“花间”。此集精选了晚唐五代近百年间才士文人所撰曲子词的精华，韵律婉转，辞藻艳丽，词风靡丽，折射出晚唐五代社会上层贵族尽情享乐的生活，反映了晚唐五代士大夫的文学风尚，在古代词的发展史上具有重要地位；此外晚唐五代词作，多赖此集得以保存流传。

常见版本有：李一氓《花间集校》，人民文学出版社，1958 年；李冰若《花间集评注》，河北教育出版社，1999 年。

《全宋词》——今人唐圭璋编集的宋词总集

《全宋词》是今人唐圭璋编集的宋词总集。宋代文学的最高成就是词。南宋时就已经出现汇刻宋词之作，但多亡佚。明清以来多有汇刻宋词者，如毛晋《宋六十名家词》、王鹏运《四印斋所刻词》、江标《灵鹣阁刻词》、武昌绶《双照楼景刊宋元本词》、朱祖谋《彊村丛书》、陶湘《续刊景宋金元明本词》等等，加上赵万里《校辑宋金元人词》、周泳先《唐宋金元词钩沉》两书辑佚宋词水平较高。唐圭璋在上述词集丛编的基础上，积 10 年精力，广泛搜求宋人别集、总集，并旁采类书、方志、笔记小说、金石、书画题跋、花木谱录等诸书所载之词，汇为一编，名《全宋词》。1937 年成书，1940 年出版，收录有姓名作者 1219 人，词作 2 万余首。以人为序，依《全唐诗》旧例，帝王、宗室居前，释道女流居后，其他词人按时代先后排列，词人均有小传。由于编纂时代及条件限制，使用资料有限，加之出版印量小、流传较窄，不易找寻。建国初期，中华书局约请唐圭璋先生增订旧稿，并断句校勘后再版。两年多后唐先生完成修订稿，又商请王国维之子王仲闻（编过《宋词长编》）对全稿进行订补复核，完成后，唐圭璋又通读定稿，质量大为提高。1965 年，《全宋词》新本继续由中华书局出版，增补作者 260 余人，不计残篇的词作 1400 余首。《全宋词》新本删去旧本误辑唐五代、金元明词人作品及伪作外，共收录作者 1330 余人，词作 19900 余篇，残篇 530 余首。体例上，重新考订词人行实、改写小传；编排体例改为按照作者时代先后为序；增加若干附录及作者索引。唐圭璋在编纂《全宋词》新本出版之后，辑录金元人词，编成《全金元词》一书，1979 年由中华书局出版。《全宋词》新本内容完整，体例合理，成为较为完备的宋词总集。对于研究宋代文学、文化、历史具有重要的资料价值。

《全宋词》新本流行后，不断有人对其进行订补。成绩最大的要算孔凡礼从国家图书馆珍藏的《诗渊》中辑得《全宋词》失收佚词 400 多首，编成《全宋词补辑》，1981 年由中华书局出版。1999 年，中华书局将《全宋词》新本及《补辑》合为一书出版，改为简体字，横排。今人朱德才主编《增订注释全宋词》1997 年由文化艺术出版社出版。另外，王仲闻撰、唐圭璋批注《全宋词审稿笔记》2009 年由中华书局出版，可以参看。

《陶渊明集》

——古代文人描写田园生活诗歌的代表篇章

陶渊明（365—427），字元亮，另说名潜、字渊明，晋浔阳柴桑（今江西九江）人，生于官宦家庭，从 29 岁起在地方任职，曾任江州祭酒、彭州令等，41 岁时，感觉做官无法实现自己的抱负，“有志不获聘”，毅然去职归隐乡间，过起田园生活，“躬耕自资”，直到去世。在其生前，其作品已有抄本流传。100 年后，昭明太子萧统搜遗补阙，编成《陶渊明集》8 卷；后来北齐阳休之在萧统《陶渊明集》基础上辑补它本所收陶撰《五孝传》和《四八目》，合序目成《陶潜集》10 卷。宋元以来，《陶渊明集》刊本甚多，流传下多种版本。但大致说来，梁以前为《陶渊明集》传抄时期；至宋为补辑时期；两宋为校订付刊时期；南宋元代为注释时期；明代为评选时期；清代为汇集和考订时期。其中元初李公焕《笺注陶渊明集》是最早给全书作注的本子。现存的《陶渊明集》有十余种版本。

现在常见的《陶渊明集》是 1979 年中华书局出版的逯

钦立校注本，以李公焕《笺注陶渊明集》为底本，对照它本进行详细校勘，书末附录《关于陶渊明》和《陶渊明诗文事迹编年》。《陶渊明集》除序文外，有诗文七卷：卷一为四言诗；卷二至四为五言诗；卷五为赋辞；卷六为记传赞述；卷七为疏祭文。从中可以看出这位品格清高、为人耿直的知识分子在政治动荡的时代所走过的心理历程。退隐之后，陶渊明的作品更多、艺术价值更高。

陶渊明描写农村田园生活的诗，风格平淡、自然、淳厚，多写普通事物、平常生活，宣扬依靠劳动而生活的朴实道理，关心农事，亲近农民，体谅耕耘的辛苦，感受劳动的喜悦和收获的欢乐，往往把农村描写成一种理想的生活境界。后人称其为“田园诗人”，评价其为“隐逸诗人之宗”。当然他也并非全然忘怀现实，《述酒》等篇仍然表现出诗人对现实的关怀。《陶渊明集》所收的辞赋、散文名篇如《归去来兮》《桃花源诗并记》，前者描写悠闲自如的田园生活，后者表现他的生活理想，充分表达了他的思想感情和生活态度。

唐代以后，文学家对陶渊明评价很高。唐宋时代的大文学家李白、杜甫、白居易、苏轼、陆游、辛弃疾都表达过对陶渊明的仰慕，晚年的陆游还以“学诗当学陶”自勉，足见一斑。陶渊明的诗歌风格对后世一大批诗文作家如王维、孟浩然、柳宗元等均产生过程度不同的影响。

《搜神记》

——一部用笔记体裁编写的志怪小说集

《搜神记》是我国较早的一部志怪小说集，东晋初年甘宝用笔记体裁编写。甘宝，约生于285年，卒于360年左右，字令升，新蔡（今河南新蔡）人，东晋文学家、史学家。勤学博览，好阴阳术数，曾任佐著作郎、司徒左长史、散骑常侍，以佐著作郎领修国史时，著有《晋纪》20卷，现已亡佚。

甘宝所撰《搜神记》20卷，传至宋代已经散佚，现在的传本是后人从《法苑珠林》《太平御览》等书中辑录而成的，包括454则故事，大部分是神怪灵异之事，也保存了一些历史神话故事和民间传说，取材广泛，内容丰富，语言简朴，文笔较为生动，是六朝志怪小说的代表作。《搜神记》中的一些民间故事如《干将莫邪》《李寄》《韩凭夫妇》《董永》《紫玉韩重》都非常著名，揭露和鞭挞统治者的罪恶，描写和歌颂劳动人民勤劳勇敢、反抗压迫以及真挚爱情，表达了普通民众的思想感情和愿望，最有文学价值。

《搜神记》同魏晋时期其他志怪小说一样，对后代文学产生了深远影响，唐人的传奇和俗文学、宋元平话、元明清的戏剧小说，或吸收、取材，或以《搜神记》所载故事为蓝本进行创作，如鲁迅的历史小说《故事新编》中的《铸剑》

来自《干将莫邪》、京剧《童女斩蛇》来自《李寄》、黄梅戏《天仙配》来自《董永》。宋人洪迈《夷坚志》、明人瞿佑《剪灯新语》、清人蒲松龄《聊斋志异》，都和《搜神记》有一脉相承的关系。此外，后来出现伪托陶潜所作《搜神后记》10 卷、北宋年间章炳文《搜神秘览》2 卷，均为模仿《搜神记》之作，也足见其影响。

常见版本有中华书局 1978 年排印本。

《世说新语》

——一部集汉魏至东晋传闻逸事的笔记小说名著

《世说新语》是一部集汉魏至东晋传闻逸事的笔记小说名著。魏晋南北朝时盛行一种记录社会人物轶闻琐事的小说，《世说新语》是这类小说流传至今且比较完整的代表作。编撰者刘义庆（403—444），南朝刘宋宗室，彭城（今江苏徐州）人，袭封临川王，曾任南兖州刺史。秉性简素，爱好文史，喜欢招聚文学之士，所著仅《世说新语》一书较为完整地流传下来。《世说新语》可能是他和手下文人杂采众书编纂润色而成。梁时刘孝标（462—521）为此书作注，纠正刘义庆之错误，征引古书 400 余种，更加丰富了本书的内容，这些书现在大多已经散佚，幸赖刘孝标注本得以传世，有保存史料之功，故资料价值较高。

《世说新语》3 卷，原书最初称《世说》，唐人称《世说新书》，大约五代宋人称为《世说新语》。全书主要记载了东汉到东晋士族人物的轶事和言谈，并且按照士族阶层和清谈家的观点，把他们分别编入德行、言语、政事、文学及惑溺、仇隙等36门，加以褒贬臧否，每门多则几十余条，少则数条，通过这些片段记载，从不同侧面描述了魏晋士大夫的言行风貌，如士族名流的清谈、人物的品评及他们的风尚习俗、精神面貌，揭露、批判腐朽黑暗，歌颂正派人物，反映了这段历史时期的社会现实。

《世说新语》语言精练，短小精悍，辞义隽永，对后世笔记文学具有深远影响。后代模仿该书体例、书名之作有唐人王庆方《续世说新语》、宋人孔平仲《续世说》、清人王日卓《今世说》和李清《女世说》等等。这部书的不少故事为后代戏剧小说提供了创作素材，或引作诗文典故、成语，如关汉卿的杂剧《玉镜台》就取材于本书的“温公丧妇”故事，《三国演义》从该书取材有“望梅止渴”、曹植七步成诗等等。《世说新语》在中国古代文学发展史上具有一定的地位。

常见版本有：文学古籍刊行社1956年影印本，精装2册，附录《唐写本世说新书》残卷及《世说新语校勘记》。

《李太白集》

——唐代最伟大诗人李白的诗文集

李白（701—762），字太白，一般认为其祖籍在陇西成纪（今甘肃秦安），隋末其先人被流放到西域的碎叶（今吉尔吉斯斯坦托克马克附近），李白就出生于此地，5 岁时迁居蜀地，父亲经商，家境宽裕。自幼聪明过人，“五岁诵六甲，十岁观百家”；稍长就开始文学创作，“十五观奇书，作赋凌相如”，喜好剑术；年轻时满怀理想抱负，“天生我材必有用”；26 岁时离乡出游，游历祖国的大好河山，创作了大量诗歌，名扬海内。742 年，由贺知章等人推荐，应诏入长安，供奉翰林，但他生性自由，不为当权者所容，只好去职，离开长安到各地漫游，于是写了一系列抨击社会现实、甚至藐视权贵的的诗篇，“安能摧眉折腰事权贵，使我不得开心颜”。安史之乱后，接受永王李璘邀请出为幕僚，后永王叛乱被杀，李白被流放到夜郎（今属贵州），中途遇赦，再获自由，但终因漂泊穷困，762 年病逝于当涂（今属安徽），时年 62 岁。

李白的诗内容非常丰富，反映的社会生活相当广阔。李白主要生活在开元天宝年间，写就了一些反映盛唐时代国力强大，经济文化空前繁荣的诗篇；同时也深感国家潜伏的危机，如《古风》第三、四十八首。当理想与现实发生矛盾，及被迫去职漫游时，写了大量反映自己不得志、对现实不满的诗作，如《行路难》《梁甫吟》；李白喜好游览各地的名山大川，因而写下了大批歌颂祖国大好河山的诗篇，如《望庐山瀑布》《望天门山》《早发白帝城》等；爱国、忧国忧民主题的诗歌也创作了不少，如《塞下曲》《丁都护歌》。

李白是中国文学史上继屈原之后最伟大的浪漫主义诗人，他的诗具有神奇的想象力，手法高度夸张，“白发三千丈”，感情激荡，瞬息万变，语言清新自然，气魄非常阔大，感情异常充沛，有一种神奇的艺术魅力，达到了形式与内容的高度统一。他把中国古代的诗歌创作推向了高峰，给后人留下了一份极其珍贵的文学遗产。李白的诗歌对后世文学产生了巨大的影响，其诗集在贞元时就已“家家有之”，韩愈曾大加赞扬，“李杜文章在，火焰万丈长”，宋代的苏轼、陆游明显受其影响。他被誉为“诗仙”“诗侠”“千古一诗人”，成为中国古代最杰出的诗人之一。

李白一生创作诗文极多，但散亡严重，“自中原有事，公避地八年，当时著述，十丧其九”。李白的诗文集注，最早有唐李冰阳辑录的《草堂集》20 卷，已经亡佚。今传世者有南宋杨齐贤《李翰林集》25 卷、元萧士赟《分类补注李太白诗》25 卷、明胡震亨校注的《李诗通》，清王琦汇集三家注释之长，并订误补遗，合注诗文，附录有关李白的资料，重加编次，成书《李太白文集》，36 卷。王琦注本，是李白诗文集中最完善的注本。现存李白的诗文除少量的文赋碑铭之外，有诗歌 1000 余首。

常见版本有：1957 年，中华书局重印四部丛刊本《李太白全集》4 册；1977 年，中华书局标点本《李太白全集》，以王琦注本为底本，作了适当订补，3 册；1979 年，上海古籍出版社瞿蜕园等《李白集校注》，4 册。

《柳河东集》
——唐代古文名家柳宗元的诗文集

柳宗元（773—819），字子厚，祖籍河东（今山西永济），生于长安（陕西西安），唐代著名的文学家。贞元九年（793）中进士，担任过县尉、监察御史，后因参与王叔文领导的政治革新运动，失败后被贬任永州（今湖南零陵）司马达 10 年，后改任柳州（广西柳州）刺史，4 年后死于任上。柳宗元是唐代著名的散文家、诗人，他与韩愈共同发起唐代的古文运动，素有“韩柳”并称，成为唐宋八大家中唐代的两位。

柳宗元所作诗文留存着约有 600 余篇（首），其文章成就最高，骈文近百篇，尤其是散文，论说性强，笔锋犀利，讽刺辛辣，游记写景状物，多所寄托。柳宗元的散文大致有三类：一为寓言，形象生动，语言犀利，含义深远，较有典型性，如《三戒》《蝜蝂传》；一为传记散文，继承了《史记》的现实主义传统，具有深刻的思想意义，如《捕蛇者说》《童区寄传》；一类是山水游记，文笔清新秀丽，富有诗情画意，如《永州八记》《小石潭记》。柳宗元的诗歌艺术成就也很高，用语精细、清朗疏淡，现存 140 余首，其精神与散文较为接近，有采用寓言笔调写的政治讽刺诗，如《行路难》《笼鹰词》；山水诗，如《江雪》《渔翁》。

《柳河东集》，在其逝后由刘禹锡编，30卷。宋人廖莹申刻本《河东先生集》分作45卷，包括雅诗歌曲1卷、赋1卷、文39卷、诗2卷、《非国语》2卷，另有外集2卷，补遗和附录，诠解详细，资料丰富。1960年中华书局据宋本断句排印，增加了年谱和书录；明人蒋之翘辑注《柳河东全集》，附录遗文1卷，注释、评论较为详备。

常见版本有：1979年中华书局吴文治点校本《柳宗元集》；1974年上海人民出版社《柳河东集》；1991年中国书店影印本《柳河东全集》；1997年上海古籍出版社《柳宗元全集》。

《西厢记》——著名的元代杂剧剧本

《西厢记》全名《崔莺莺待月西厢记》，著名的元杂剧剧本。作者王实甫，著名的元代杂剧作家，名德信，大都（今北京市）人，生卒年不详，至少活了60岁以上，曾长期出入于歌台舞榭之中，对下层官妓的生活较为了解。《录鬼簿》载其作品有13种，其中仅《西厢记》《破窑记》《丽春堂》3种现在全存，而《芙蓉亭》《贩茶船》2种残存，以《西厢记》成就最高。

《西厢记》写的是张生与崔莺莺的爱情故事，最早见于唐代元稹的《会真记》（亦称《莺莺传》），宋金时期，有数种与此相关的唱本和剧本，其中金董解元《西厢记诸宫调》对《西厢记》影响最大。剧本描写了张生与崔莺莺偶然相识、产生感情、感情发展、遭到阻挠、抗争、喜结良缘的过程。语言优美，诗意浓厚，刻画人物形象及人物心理较为成功，如张生的诚恳、热情，崔莺莺的温柔、深情，红娘的泼辣、机智、爽朗，充分发掘了主要人物内心深处的心理活动。元末明初戏剧家贾仲明在为王实甫写的挽词中说“新杂剧，旧传奇，《西厢记》天下夺魁”。作为一部现实主义的剧作，《西厢记》对之后的文艺创作产生了深远影响，注家蜂起，刻本竞出，改作、续作风靡一时，“西厢戏”在明清两代广为流行。但由于《西厢记》反对“父母之命，媒妁之言”的封建婚姻，破坏传统礼教，为统治者不容，在元、明、清三代禁毁的戏剧中，往往名列榜首。

常见版本有：今人王季思校注本，1957 年古典文学出版社出版，中华书局 1958 年、1963 年两次校补本；1978 年上海古籍出版社本。

《水浒传》

——我国第一部以农民战争为题材的长篇小说

《水浒传》，亦称《忠义水浒传》《水浒全传》，是我国

第一部以农民战争为题材的长篇小说，四大名著之一，描写了北宋末期徽宗宣和年间宋江等人发动的农民起义。关于宋江起义，史籍《东都事略》《三朝北盟会编》《十朝纲要》《宋史》有片段记载；南宋罗烨《醉翁谈录》记有《花和尚》《武行者》《青面兽》等话本；宋末龚开作《宋江三十六人赞》，描绘了宋江等 36 个主要人物的形象，序中称“宋江事见于街谈巷议”；成书于元代的《大宋宣和遗事》的《梁山泊聚义本末》为完整的水浒故事；元杂剧里有不少水浒戏，戏中的水浒英雄已经发展到 108 人。在此基础上，经施耐庵创作成长篇小说《水浒传》而流传。

《水浒传》是中国古代小说中版本情况最为复杂的一部。据 20 世纪 80 年代前期的统计，已知版本有 130 多种。《水浒传》的早期版本分为繁本、简本两个系统。“繁本”指描写细腻、文字繁富、有很高文学价值的本子，如 70 回、100 回、120 回本等；“简本”是指情节梗概与繁本相同或增出，文字叙述极为简洁、文字性较差的本子，多藏于专业图书馆，普通读者不易见到。至于繁本与简本孰早孰晚，学术界有分歧。

《水浒传》的作者，明人高儒《百川书志》题为“《忠义水浒传》，一百卷，钱塘施耐庵的本，罗贯中编次”，郎瑛《七修类稿》略同，胡应麟《少室山房笔丛》说罗贯中是其学生；而明人王圻《续文献通考》却说《水浒》作者为罗贯中。现在通行的说法认为《水浒传》由施耐庵创作，罗贯中也曾参与过编写，故现行本多有题作“施耐庵、罗贯中著”，但最为流行的说法仍是作者为施耐庵。

施耐庵，生平事迹无确切记载，一说约生活于1296—1370年间，可见主要生活在元代，应为元代小说家，但常见的说法施耐庵是明初小说家。《兴化县续志》载明人王道生撰《施耐庵墓志》作施耐庵原籍苏州，后迁淮安，元至顺进士，卒于明洪武初，年75。罗尔纲曾著有《水浒传原本和著者研究》。

百回本《水浒传》可能成书最早；明万历间出现120回本，增加了“征田虎、王庆”等故事；明末清初金圣叹“腰斩水浒”，成70回，无招安及招安以后内容，为清代最流行的本子。三种系统的《水浒传》前70回内容基本相同。如流行的120回本《水浒传》，前71回写农民战争的发生与发展；72—82回写农民军对抗官军及受招安；83—90回宋江奉命征辽；91—100回写宋江征田虎；101—110回写宋江征王庆；111—120回写宋江征方腊直至失败。

《水浒传》描写了宋江农民起义官逼民反的整个过程。塑造英雄人物较为成功，通过英雄人物的行动表现其性格及发展；在艺术结构、语言个性方面也取得了较高成就。《水浒传》是一部伟大的文学作品，对后世产生了巨大而深远的影响。后世一些戏剧、小说均曾从其中汲取内容来源。戏剧如明代许自昌《水浒记》、清代金蕉云《生辰纲》；小说如《金瓶梅》《说岳全传》。后续《水浒传》的书也有多种，著名者如俞万春《荡寇志》、陈忱《水浒后传》。

常见版本有：人民文学出版社 1962 年出版，2 册；人民文学出版社 1975 年 10 月出版，3 册；中华书局 1975 年 2 月影印本《第五才子书施耐庵水浒传》，8 册；岳麓书社 1988 年整理本《水浒全传》

《三国演义》
——我国古代成就最高的长篇历史小说

《三国演义》原名《三国志通俗演义》，也称《三国志演义》，是我国古代成就最高的长篇历史小说，四大名著之一，取材于魏、蜀、吴三国鼎立时期的历史，描写了三国错综复杂的关系和矛盾斗争。唐代已出现演三国故事的参军戏；宋代有专讲三国的民间艺人；元代出现《三国志平话》。罗贯中在这些以三国故事为内容的戏剧、平话、小说讲史基础上，结合三国历史、杂记、逸闻轶事，经过加工，创作出这部巨著。

罗贯中，约生活于 1330—1400 年之间，本名罗本，字贯中，号湖海散人，太原人（最新考古资料证明其籍贯可能是山西省晋中市的祁县）。据说他是施耐庵的学生，并且曾做过元末农民军领袖张士诚的幕客。曾创作戏剧 3 种，作有通俗小说5种，《三国志通俗演义》《隋唐志传》《残唐五代史演义》《三遂平妖传》《粉妆楼》，其中以《三国志通俗演义》成就最高、影响最大。

《三国志通俗演义》成书不会晚于元末明初，早期多以抄本流传。现存最早的刊本是嘉靖壬午（1522年）刊本，24卷，每卷10则，共240则甚多，可能是最早的刊本，比较接近原著面貌。明代刊本就有20余种，其中李卓吾评本较好，将原本的240则改为120回。清康熙年间毛宗岗父子对“罗本”进行增删改削和润色，把参差的回目改为七言或八言的对偶句，加上了评语，在内容和形式上较罗本更为完善，成为此后300年间社会上最为流行的、权威性的120回毛本《三国演义》。

《三国演义》描写了从东汉末期灵帝中平元年（184）黄巾军农民起义到三国归晋（280年）近百年间的历史故事，主要围绕魏蜀吴三国错综复杂的关系展开，以蜀汉和曹魏的矛盾斗争为主线。120回中，仅刘关张桃园结义到诸葛亮死于五丈原这51年事就写了104回。《三国演义》继承了民间“拥刘反曹”的传统，成功地塑造出“好皇帝”刘备和“奸雄”曹操的形象；热情地歌颂了刘备、关羽、张飞的义气，尤其是关羽，成为“义气”的化身，在后代影响深远；描写诸葛亮机智过人、谋略出众；曹操和诸葛亮成为全书塑造最成功、最中心的两个人物形象。在语言上文言和白话间杂，遣词造句用字较为精炼，抒情写景也较为细致，取得了较高的艺术成就。

《三国演义》对其后的文学创作产生了巨大的影响，其故事内容为以后的诗词、戏剧和说唱文学提供了素材，如清末出现了72卷的《三国志鼓词》。该书对中国民间社会的影响也是广泛而深远的，关羽成为“忠义”的化身，成为华人世界的武圣人、保护神，对于普及三国历史知识起到了较大的作用。《三国演义》还曾起到军事教科书的作用，对以后的一些军事人物、战略战术产生过一定的影响。

常见版本有：人民文学出版社1955年出版整理本，2册；人民文学出版社1973年出版以毛本为底本的整理本，2册。由于畅销，均多次印刷，通行易见。岳麓书社1986年出版整理本，1册。

《西游记》

——我国古代最著名的长篇神魔小说

《西游记》是我国古代最著名的长篇神魔小说，四大名著之一，主要讲述了唐僧师徒四人历经诸多磨难赴西天取经成功的故事。唐太宗时，僧人玄奘曾沿丝绸之路至天竺（今印度）求法达十余年，行程数万里，回到长安后奉诏口述见闻，由其门徒辑录成《大唐西域记》一书；唐人慧立《大唐慈恩寺三藏法师传》也略述玄奘西行事。南宋时出现话本

《大唐三藏取经诗话》，有三藏法师、猴行者；元代出现了《西游记平话》，已有唐僧师徒四人形象。《西游记》故事出现在戏剧舞台上时间也较早。金院本《唐三藏》；元杂剧有吴昌龄《唐三藏西天取经》；元末明初杨讷《西游记杂剧》；明代有杨志和编41回本《西游记》，在思想倾向、故事安排上与吴承恩《西游记》较为接近。吴承恩的《西游记》就是在长期流传的西游记故事基础上创作、加工而成的。

吴承恩，大约生活于1500—1581年，字汝忠，号射阳山人，淮安山阴（今江苏省淮安市）人。自幼聪慧、博览群书，才华出众，但仕途并不如意，40多岁时才在地方当过一段时间小官，未久去职归家，为民至终。晚年所作《西游记》寄托了他的理想和愿望。其著述大多散佚，后人辑有《射阳先生存稿》4卷。

《西游记》全书100回。前7回写孙悟空出世及大闹天宫；8—13回写唐僧奉诏取经；14—100回写唐僧师徒四人历经81难取经成功的全过程。

《西游记》是一部浪漫主义的长篇神魔小说。想象力极其丰富，把整个自然和社会都幻想化了。塑造的人物形象个性鲜明，如最中心人物孙悟空，坚强、勇敢、刚毅、乐观，敢于反抗和蔑视上层势力；呆板的唐僧，清教徒式的为人处事原则；喜剧人物猪八戒，贪图享受，不敢单独面对困难。语言生动活泼，幽默诙谐，充满了乐观精神。

《西游记》问世之后，在社会上流传很广，影响很大，接续《西游记》的著作涌现出一批，如《西游补》《四游记》《后西游记》《续西游记》。也出现了借历史事件写的神怪战斗小说，如《三宝太监西洋记通俗演义》《封神演义》，都程度不同地受到《西游记》的影响。戏剧《大闹天宫》等节目，长期以来深受民众喜爱，也受到国外人民的欢迎。

常见版本有：人民文学出版社 1955 年整理本，3 册；人民文学出版社 1980 年整理本，2 册；岳麓书社 1986 年整理本，1 册。

《封神演义》——明代一部著名的神魔小说

《封神演义》是明代中期出现的一部著名的的神魔小说，成书大约在隆庆、万历（1567—1619）年间，据目前所知最早刻本明舒载阳刊本（现存日本内阁文库）题作“钟山逸叟许仲琳编辑”。许仲琳，生卒年代及事迹均不详。

《封神演义》是在民间文学基础上形成的。汉唐时期，封神故事已经广为流传，元代则有《武王伐纣书》，与《封神演义》较为接近，可能是该书创作的主要凭藉。《封神演义》全书 100 回，写武王伐纣灭商的故事。前 30 回主要写纣王暴虐，姜子牙归隐，文王访贤，得姜子牙辅佐，武王完成伐纣大业。后 70 回主要写商、周两国之间的战争，参杂有阐教与截教间的斗争，武王夺取天下后分封列国，姜子牙回国封神，使有功于国的人和鬼各有所归。

《封神演义》的创作对人物内心世界忽略描写，以致大多数人物没有个性，战斗场面也是千篇一律，作为一部文学作品，其取得的艺术成就不算很高，创作时对《西游记》有所参照，但其内容和艺术成就要远比《西游记》逊色。作为明代一部著名的神魔小说，其在后代的民间影响还是巨大的，成为中国文学史上一部有代表性的神魔小说。

常见版本有 1973 年人民文学出版社本。

《聊斋志异》
——清代著名的文言短篇小说集

《聊斋志异》是清代著名的文言短篇小说集。作者蒲松龄（1640—1715），字留仙，别号柳泉居士，山东淄川（今山东淄博）人。19 岁时县、府、道三考均为第一，但此后省试却屡试不中，只是秀才出身，直到 71 岁时才被援例录为贡生。除中年时曾一度任过宝应县幕客，一生的大部分时间是在家乡作塾师，过着穷困潦倒的生活。屡试不中的经历、秀才出身、穷困的生活，使得蒲松龄对社会下层民众的生活较为了解。《聊斋志异》是他在 40 岁时完成的，后来有所增补、修改，他一生因怀才不遇产生的苦闷、不满、孤愤均写进这部名著里。除本书外，蒲松龄还写过十几种戏剧、俗曲；

晚年在农村还写过一些适应农民家庭日常生活的通俗读物，如《日用俗字》《婚嫁全书》等；其诗文集编为《聊斋文集》《聊斋诗集》。所著以《聊斋志异》成就最高、影响最大。

《聊斋志异》是一部内容丰富、文笔简练生动的文言短篇小说集，全书内容共491篇。故事主要来源于民间和下层文士的佚文传说，收罗广泛，内容多以狐、魔、花、妖为描写对象，以梦境、阴间、仙界为人物活动的环境，通过作品寄托作者的感情思想和生活理想，揭露统治的黑暗面、抨击科举制度、揭露封建婚姻制度的不合理之处，如《促织》《席方平》《司文郎》《叶生》《连城》《青梅》等篇，大致折射出17世纪的社会下层现状，同时也表现出作者对被压迫者的同情。

蒲松龄在世时，《聊斋志异》已有抄本流传；1766年严州太守赵起杲刻于浙江，是为通行的青柯亭本，收431篇；吕湛恩《详注聊斋志异图咏》，注释详细，对使用的典故都注明出处，资料丰富，是旧注中较好的版本；1962年中华书局出版的《聊斋志异会校会注会评》，491篇，比通行本增加了60篇，在校勘、注释、评语方面，作了精细的整理、汇集工作，收罗资料颇丰，是较有研究利用价值的本子。

常见版本有：人民文学出版社1989年《全本新注聊斋志异》，3册；上海古籍出版社1978年张友鹤辑校本《聊斋志异会校会注会评》，4册。

《红楼梦》——我国古代最伟大的长篇小说

《红楼梦》是我国古代最伟大的长篇小说。原名《石头记》，现存80回，由曹雪芹创作，时间大致在1744年前后，最初以手抄本流传，因大都带有脂砚斋等人的评语，称为“脂本”，包括庚辰本、甲戌本、己卯本、甲辰本、蒙古王府本、戚蓼生序本等11种。脂评本《红楼梦》80回，以庚辰本保存比较完整，最适宜了解曹雪芹创作的过程和此书的思想艺术特色。1791年，程伟元、高鹗首次以活字版排印出版，120回，书名由《石头记》改为《红楼梦》，称为程甲本；次年，程伟元增删首版后再版，世称程乙本。程乙本《红楼梦》120回，是社会上长期流传的版本。后40回，一般认为由高鹗续写。

曹雪芹，约生活于1715—1763年间，名霑，字梦阮，号雪芹、芹溪居士，祖籍河北。清军入关，入正白旗内务府籍，出身望族，其曾祖、祖父、父亲三代世袭江宁织造（主管织造宫中需用的丝织品）；祖父曹寅工诗词、善书法，曾主持刊印《全唐诗》。家庭环境培养了曹雪芹的文学兴趣和素养，工诗画，诗风新奇，善谈吐，尚风雅。曹雪芹幼年过着富贵生活，后来其父获罪，家产被没收，家道衰落，全家北返，曹雪芹居于北京。中年时，家境穷困，住在北京西郊，艰难度日。在贫穷的生活中，曹雪芹完成了《石头记》80 回的写作，贫病交加，爱子又夭折，以至伤痛过度而死。高鹗，字兰墅，别号红楼外史，乾隆年间进士。

120 回《红楼梦》是一部伟大的文学巨著，以贾宝玉、林黛玉、薛宝钗的爱情、悲剧婚姻为主线，反映了贾、王、史、薛四大豪门望族的兴衰过程。成功地塑造了一大群个性鲜明、血肉饱满的人物形象，书中出现的人物有名姓的就达 400 余人，其中着重描写 3 个主要人物贾宝玉、林黛玉的叛逆性格，薛宝钗的端庄淑贤。艺术结构宏伟、严密、完整；语言准确而自然、简朴而多彩，极富表现力。

一般认为高鹗所续的后 40 回与前 80 回相比，在思想和艺术上均大为逊色，尤其是全书的结局，严重违背了曹雪芹的原意。但高鹗所续基本上遵循了原书的线索，完成了宝黛爱情的悲剧，对某些重要章节的处理也较为得体，必须予以肯定。总之，120 回《红楼梦》成为后代广泛流传的内容体系。

《红楼梦》对当时和后代的社会和文学发展史产生了深远的影响，成为最具魅力的古典小说。《石头记》问世后，即以手抄本形式流传；待用活字排印出版后，很快流行海内，成为当时人们议论的一个热点话题，获得了极高的声誉。各色文人纷纷续书，续书之多，达到中国古典小说的最高纪录。此后的 200 多年来，国内外对该书的研究从未中断，产生了一大批研究论著，逐渐形成一门专门学问——红学。《红楼梦》成为最能持久激发后人研究和探索热情的文学名著。版本繁多，后代吸取其内容为题材的作品不可胜数，有英、法、俄、日等多种文字的译本。

常见版本有：人民文学出版社 1957 年整理本，4 册，启功注释，周汝昌、周绍良等校订，注释简明、准确，是目前最好的注释本；人民文学出版社 1982 年整理本，3 册；人民文学出版社 1986 年整理本，2 册；岳麓书社 1987 年整理本，1 册。

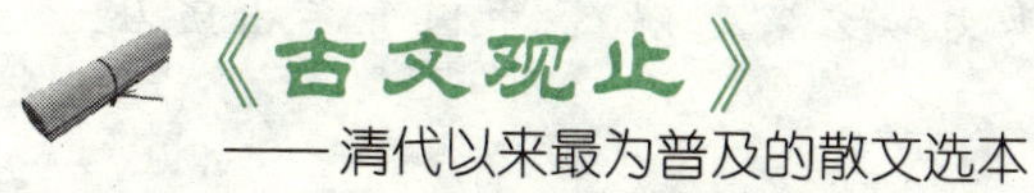

《古文观止》
——清代以来最为普及的散文选本

《古文观止》12 卷，是清代以来最为普及的散文选本。清康熙年间，吴楚材、吴调侯二人选编而成。二吴所编《纲鉴易知录》《古文观止》都是当时的普及读物，曾风行一时。《古文观止》共选编文章 220 篇，采录的范围很广，上起《左传》，迄于明末，除散文外，还有少数骈体文。该书本是一部供应试科举的人阅读的书，所选的文章数量不算很多，篇幅一般较为简短，便于阅读记诵；入选的大部分文章，思想性和艺术性都比较高，而且照顾到了文章体裁、风格的多样性，从整体看，有助于了解我国古代散文的大致面貌；加之对每篇文章都有简明扼要的注释和评论，也可供一般读者学习。由于这些优点，《古文观止》成为清代以来最为普及、流传最广、影响最大的散文选本，长期受到人们欢迎。时至今日，仍然是人们学习古代散文时一部重要的参考读物。

常见版本有中华书局1959年排印本，2册，后来多次重印。

延伸阅读

1.《中国古典文学名著题解》，中国青年出版社，1984年。

2. 魏凯、阴通三、石林：《中国文学古籍选介》，山西人民出版社，1981年。

3. 黄立振编著：《八百种古典文学著作介绍》，中州书画社，1982年。

4. 陈正宏、章培恒主编：《中国学术名著提要》（文学卷），复旦大学出版社，1999年。

5. 曹道衡等撰：《古典文学要籍简介》，江苏古籍出版社，2000年。

6. 曾枣庄著：《集部要籍概述》，江苏教育出版社，2007年。

蒙学典籍

中国古代教育源远流长，其中对少年儿童的教育，历代也较为重视。在教育少年儿童的过程中，历代编撰了一系列蒙学书籍，俗称蒙书；随着蒙书编撰的出现和大量涌现，逐渐形成了一门专门学问——蒙学。先秦两汉时，就很重视对少年儿童进行识字教育和句读训练，《汉书·艺文志》著录“小学”10家35篇，多是识字课本，保存下来的有管子《弟子职》和史游《急救篇》。魏晋南北朝到隋唐，编撰了一批用于识字教育、封建思想教育、知识教育的蒙书，如《千字文》《杂字》《女论语》《兔园册》《蒙求》，唐代时，蒙学初步形成。宋元两代，基本上形成了一套完整的蒙学体系，包括蒙学体制、教学内容、教学方法等，产生了大批新的蒙书，如识字的《三字经》《百家姓》《杂字》等；与程朱理学结合的教材《小学》之类蒙书大批出现，兼顾思想教育；《蒙求》类蒙书大量编撰，介绍掌故、历史知识及各科知识；学诗的《千家诗》也顺势出现。明清以来，蒙学发展大致沿用宋元的体系，蒙学在一些方面有所发展，增订前代蒙书、编撰了一些新的蒙书，如《弟子规》《增广贤文》《幼学琼林》《龙文鞭影》等，清末还出现了一些介绍新知识的蒙书，如《时务蒙求》《地理韵言》。

中国古代教育源远流长，其中对少年儿童的教育，历代也较为重视。在教育少年儿童的过程中，历代编撰了一系列蒙学书籍，俗称蒙书；随着蒙书编撰的出现和大量涌现，逐渐形成了一门专门学问——蒙学。先秦两汉时，就很重视对少年儿童进行识字教育和句读训练，《汉书·艺文志》著录“小学”10家35篇，多是识字课本，保存下来的有管子《弟子职》和史游《急救篇》。魏晋南北朝到隋唐，编撰了一批用于识字教育、封建思想教育、知识教育的蒙书，如《千字文》《杂字》《女论语》《兔园册》《蒙求》，唐代时，蒙学初步形成。宋元两代，基本上形成了一套完整的蒙学体系，包括蒙学体制、教学内容、教学方法等，产生了大批新的蒙书，如识字的《三字经》《百家姓》《杂字》等；与程朱理学结合的教材《小学》之类蒙书大批出现，兼顾思想教育；《蒙求》类蒙书大量编撰，介绍掌故、历史知识及各科知识；学诗的《千家诗》也顺势出现。明清以来，蒙学发展大致沿用宋元的体系，蒙学在一些方面有所发展，增订前代蒙书、编撰了一些新的蒙书，如《弟子规》《增广贤文》《幼学琼林》《龙文鞭影》等，清末还出现了一些介绍新知识的蒙书，如《时务蒙求》《地理韵言》。

中国古代的蒙学典籍在童蒙教育中起到了非常重要的作用。编排上语句押韵、对偶，又大量采用来自民间的谚语格言，通俗易懂，读来朗朗上口，又便于背诵记忆。内容上既教识字、写诗作文，传授各科知识，也传布伦理道德和为人处世的基本准则，对少年儿童自然观、神道观、伦理观、道德观、价值观、历史观的养成作用巨大，进而影响其成人及整个人生历程。中国古代的蒙学典籍成为中国传统文化典籍的一个重要组成部分，成为传播传统伦理道德和提升基层民众文化素质的一种重要媒介，对于研究中国社会史、文化史、教育史具有重要的利用价值。

关于中国历代蒙书，可以参看张志公著《传统语文教育初探》所附录的“蒙学书目稿”；以及徐梓、王雪梅编“传统启蒙教育资料”之《蒙学要义》所附“中国传统蒙学论著目录”。

《三字经》

——宋人编著的一本家喻户晓的启蒙教材

《三字经》是宋人编著的一本家喻户晓的启蒙教材，相传为南宋大儒王应麟（一说为宋末区适子）所撰。王应麟(1223—1296)，字伯厚，号深宁居士，南宋庆元府鄞县（今浙江省宁波市鄞州区）人，著名学者。淳祐进士，官至礼部尚书兼给事中，对经史百家、天文地理等均有研究，熟悉掌故制度，长于考证。一生著述颇丰，有《深宁集》《玉堂类稿》《困学纪闻》《玉海》等书行世。

《三字经》是古代蒙学教材中最有代表性的一种，流传时间较长、范围最广、影响也最大。全书结构谨严、文字简练，概括性较强；或三字成句，或六字成句，或十二字成句，句句叶韵，变化多样，生动活泼；采用三言韵语，读来朗朗上口，既便于记诵，又通俗易懂，无艰深古奥或勉强硬凑的弊病。全书仅千余字，内容丰富，涵盖面较广。先讲学习和教育的重要性，接着讲伦理道德规范、名物常识、经史诸子、历史次第、勤勉好学范例。许多语句，如“养不教，父之过；教不严，师之惰”成为家喻户晓、妇孺皆知、代代传颂、脍炙人口的名言警语，被人称为“千古一奇书”。尤其是用300字概括了中华5000年的历史变迁、朝代更替、帝王兴废，被人称为“袖里通鉴纲目”。因其在编写上有高明和独特之处，历来备受推崇，得以广泛流传，自宋以后，《三字经》成为一本家喻户晓、脍炙人口的启蒙教材。

《三字经》在流传过程中，不断有人增补、注释，尤其是明清两代，近代著名思想家章炳麟对该书评价甚高，但他觉得“诸所举人事部类，其切者犹有未具。明清人所增犹鄙”，就“重为修订，所增入者三之一，更定者亦有百之三四”。近代以来更有仿效而作的各类“三字经”出现，如《历史三字经》《地理三字经》《医学三字经》等。

《百家姓》——宋人编的一部启蒙识字课本

《百家姓》是一部启蒙识字课本，也有人说它是一篇教育儿童识字的通俗性韵文。相传为北宋人编写，作者已不可考，但成书于北宋初年应该可以确定。因为编成于宋代，宋代皇帝姓赵，故而置“赵”姓于书首，“赵钱孙李”，此书在宋代已经是被广泛采用的识字课本了。全书以四韵语编成，虽无文理，但便于诵读、记忆，在民间影响极大，家喻户晓、妇孺皆知，成为中国古代一部著名的儿童启蒙识字课本。

近代以来人们常提、常用的《百家姓》，是明清以来流传最广的一种版本。全书共560余字，辑有姓氏（单姓、复姓）441个。《百家姓》中极少有文字重复，所以能在较短的篇幅之内，最大限度地发挥其教人识字的功效。加之编排、剪裁得当，读来朗朗上口，颇富韵律美感，令人非至终篇不忍释手。此外，流传的《百家姓》多以“真、草、隶、篆”四种书体刊印而行，这就更能引发儿童读书识字的兴趣，兼获一举多得之效。

从古到今，流传于民间的《百家姓》有很多版本，它们当中有的记载姓氏达1000多个，有的则只到200余。明代编有《皇明千家姓》，改“朱”为第一姓；清代编有《御制百家姓》，改以“孔”为首；但影响均远不及原编本。

《千字文》——现存成书最早的识字课本

《千字文》是现存成书最早的识字课本，南朝梁周兴嗣撰。周兴嗣，字思纂，梁武帝时曾为散骑侍郎、给事中，以文名世。《千字文》是周兴嗣拓取王羲之书迹中不同的字1000个，以四言韵语编撰而成。

本书以识字为主，全书千字，四言叶韵，共250句，没有一个重复字；内容却非常广泛，包括天地、历史、人事、修身、读书、饮食、居住、农艺、园林，以及祭祀等社会文化活动，还吸收了不少民间流行的成语谚语，简明扼要，通俗易懂，便于记诵，切于实用，流传久广。尤其是书中对自然现象的描述，对农业生产知识的推广，“寒来暑往，秋收冬藏”“治本于农，务兹稼穑”，将当时的自然科学知识和生产知识纳入蒙学教材，成为该书一大特色，也是其可贵之处。

从南北朝到清末，《千字文》流行了1400多年，成为我国现存成书最早、影响较大的识字课本。后代《千字文》有多种续编和改编本，如宋代胡寅《叙千字文》、侍其玮《续千字文》、葛正刚《重续千文》，元代许衡《稽古千文》，明代周履靖《广易千文》、李登《正字千文》，清代何桂珍《训蒙千字文》、龚聪《续千字文》等。另外，唐代高僧义净曾撰《梵语千字文》。

《弟子规》——清人编的一种教授学生的教材

《弟子规》是清代李毓秀编的一种教授学生的教材。三言，内容包括封建伦理道德之下为人、言行的一般准则及治学指导。全书根据《论语》里“弟子入则孝，出则弟，谨而信，泛爱众而亲仁，行有余力则以学文”这些语句，分作五个部分。第一，“总叙”，24字；第二，“入则孝，出则弟”，300字；第三，“谨而信”，384字；第四，“泛爱众而亲仁”，

228 字；第五，“行有余力则以学文”，144 字。全书总计 1080 字。尽量用《论语》里的说法诠释本句话，能抓住要领；语句比较好懂，字数少，容易诵读，所以问世后很快广为流行。

《弟子规》是清代中叶流行较广、影响较大的一种蒙学教材，塾师多用来教育学生。有多种刊本。

《千家诗》
——宋明人选编的一部儿童学诗读本

《千家诗》是宋明人选编的一部儿童学诗读本，也是历代流传较广的一部诗集。集中所选的都是律诗和绝句，大部分通俗易懂，诗意天然，语言流畅，便于背诵，同时也是青少年学习近体诗的启蒙作品，古典诗歌爱好者的一本喜见读物。不少诗歌还是唐宋名人的代表作，读来朗朗上口，诗意盎然，如“春眠不觉晓，处处闻啼鸟”“床前明月光，疑是地上霜”等佳句，脍炙人口，经久相传。

《千家诗》有数种体裁和版本。最早成书于宋代，书名《分门纂类唐宋时贤千家诗选》，相传为南宋刘克庄编选，但一直有人怀疑此书并非刘氏所编。因刘克庄自号“后村居士”，因此此集又称《后村千家诗》，全书 22 卷，以律诗和绝句为限，分时令、节候、气候、昼夜、百花、竹林、天文、地理、宫室、器用、音乐、禽兽、昆虫、人品 14 类，分别选辑唐五代及宋人的有关诗作，而以宋诗为多。但此书编目和分类较多，不易翻阅和普及。其后有人对该书增补加工和修订重刊，出现了数种新的版本。过去流传比较广泛的《千家诗》有署名为王相选注的《新镌千家诗》和署名为谢枋得选、王相注的《重订千家诗》两种本子，前者是五律和五绝，后者是七绝和七律，各有短长；为了取长补短和便于读者，后来又把这两种《千家诗》合二为一，就成为现在广泛流传的《千家诗》版本。据学者考证，七言《千家诗》其实并非谢枋得选编，大概由于宋末元初人谢枋得（1226—1289）有名望和节气，颇得时人器重，故假托其名以便流传，原编者不得而知。加上今本七言《千家诗》已经经过后人较大的增补重刊，现在也难以断定经过何人之手。王相为明末清初人，编有《女四书》《尺牍嘤鸣集》等，五言《千家诗》由他选注，应该比较属实。

后代广为流传的五七律绝二体的《千家诗》，共选编 224 首诗，多是唐宋名家作品，多有可取之处。篇目适中，便于翻阅和携带；诗句语言流畅，词句浅近，通俗易懂，易读易记；选编不偏门户，224 首诗，却包括了 124 位作者，上至皇帝、宰相，还有名人学士、和尚、妇女、牧童、无名氏；取材广泛，内容多样，如描绘四季风光、咏物言志、赠友送别、吊古伤今、应制颂德，以及抒写寺院高僧、侠士隐者的情怀等等，多方位地反映了古代社会的生活面貌；所选诗作目录次序均按春、夏、秋、冬四季节令编排，不同季节有不同的自然现象、景物变化，诗人的感情往往也会因时、因物而异，给人以季节感、色彩感和情景感，容易给青少年以感性认识和强烈印象。当然，《千家诗》也有不足之处，有的属于原本选编不当，有的属于增补改编刊行时存在的不足。总之，《千家诗》适合少年儿童初学，便于初学者入门，在后代影响较大，流传极广，经久不衰，成为传统蒙学书籍中一部著名的诗歌选本、读本。

《三字经》《百家姓》《千字文》和《千家诗》合称“三、百、千、千”，成为明清时期使用最为广泛的四种蒙学教材。

《朱子家训》

——清人编写的一篇士大夫家族治家文章

《朱子家训》又名《朱子治家格言》，清初朱伯庐著。本是家训式的家庭教育材料，多悬于厅、堂、屋、室，并非教材或读物，严格说不属于蒙学教材，但家庭教育中对子女的教育是重要任务，因此，此书对童蒙教育具有较深广的影响。《家训》通篇以传统道德、伦理观念为指导，内容广涉士大夫家庭的各个方面，从菜蔬饮食、日常起居到家财家政、持家规诫，从与小贩买卖到留客不要恳切，从务教子孙读书到三姑六婆不得乱引进门，从莫贪念外财到使唤丑奴为佳，从杜绝妒忌心到及时完纳课税、以求心中安逸，面面俱到。该篇集中了治家教子的名言警句，成为官宦绅士、殷实富户以及书香世家津津乐道、倾心仰慕的治家良策，成为正齐门风、振作家声、炫耀乡里、名垂后代的范例。文中贯穿着士绅生活的孤芳自赏、清高闲达、与世无争、好自为之的情趣，也包含了许多治家处世的质朴哲理和有益启示，如勤俭持家、爱护劳动果实、注意清洁健康，邻里和睦、合家欢乐等。总的说来，《朱子家训》还是规劝子孙后代勤俭持家、安份守己，从中不难看出古代大家庭生存、发展中的一整套家制家规。因此，此《家训》历来被士大夫家族尊为“治家之经”，在民间也广为流传。

《增广贤文》

——一部汇集民间俗语格言、讲述为人处世之道的的蒙书

《增广贤文》原型是《昔时贤文》，又名《古今贤文》，作者不详，据学者考证，至迟成书于明朝万历年间。后来经过明、清两代文人的不断增补，才成为现在流传本的模样，全称《增广昔时贤文》，通称《增广贤文》。本书系古代文人将流行广泛的民间俗语及古代诗文中深含寓意且通俗流畅的语句汇辑而成；内容较为复杂，包括生产生活经验、处事的生活态度、对人世间世态炎凉的愤懑等等，多数反映了传统社会的伦理观念和人生哲学；目的在于进行伦理道德教育。

由于是通过汇编有韵的格言、谚语与文献佳句来讲述为人处世之道，而这些格言直接来自民间，且易诵易记，因此，该书在民间流传甚广，影响颇大，以致过去人们常说“读了《增广》会说话”；该书因此也保存了不少源远流长的谚语格言。《增广贤文》是我国古代一部颇有影响的童蒙读物。清朝同治年间周希陶曾改编成书《重订增广》。

类书与丛书

一般来说，类书是博采群书有关资料，然后按照类别重新组织汇编而成的书籍；丛书是将群书汇合为一，并冠以总名的一套书。二者虽然都是“汇编”众多文献，却有严格区别。类书一般是先将原书经过剪裁、处理后，再将形成的片段资料依类别汇编成书；而丛书一般是未经剪裁或摘抄，而是将整部、整本原书汇编在一起。在传统的经、史、子、集四部分类法中，类书和丛书多是归入子部的。

一般来说，类书是博采群书有关资料，然后按照类别重新组织汇编而成的书籍；丛书是将群书汇合为一，并冠以总名的一套书。二者虽然都是“汇编”众多文献，却有严格区别。类书一般是先将原书经过剪裁、处理后，再将形成的片段资料依类别汇编成书；而丛书一般是未经剪裁或摘抄，而是将整部、整本原书汇编在一起。在传统的经、史、子、集四部分类法中，类书和丛书多是归入子部的。

类书皆收四部，非经、非史、非子、非集，有人认为应独立于四部自成一门。近人多认为类书类似于西方的百科全书。其实并不能简单画等号，类书有专题性，百科全书在于囊括百科，范围较宽广。最早的类书一般公认是三国曹魏时的《皇览》(唐末亡佚)，为类书之祖；魏晋南北朝著名的类书有《华林便略》《修文殿御览》《古今同姓名录》；唐代著名的四大类书：《北堂书钞》、《艺文类聚》、《初学记》、《白氏六帖》；宋代著名类书有所谓的“四大书”：《太平御览》、《太平广记》、《文苑英华》、《册府元龟》，《玉海》、《山堂考索》、《事林广记》；元代知名类书多为民间类书，如《翰墨全书》、《启札云锦》；明清著名类书有《永乐大典》、《古今图书集成》，民间日用、通俗类书也大量编撰。类书因采摘群书、依类相从，便于寻检翻阅；辑录的材料有后代不存或版本不同者，故一般具有较高的辑佚和校勘价值。

丛书是群书的集合体。流行于社会后，产生了很大影响。其功用，正如著名文献学专家刘乃和先生说“得一书就可以得多种书，书有单本零本不易流传、不易寻找的，丛书往往有之，很是方便”。一般认为最早的丛书是南宋宁宗时俞鼎孙、俞经同编的《儒学警悟》，稍后有左圭辑刊《百川学海》。明代知名丛书有《阳山顾氏文房》《古今逸史》《稗海》《津逮秘书》《汉魏丛书》。清代有《学海类编》《聚珍版丛书》《抱经堂丛书》《知道不足斋丛书》《经训堂丛书》《雅雨堂丛书》《岱南阁丛书》《平津馆丛书》《士礼居丛书》《学津讨原》《守山阁丛书》《连筠簃丛书》《别下斋丛书》《粤雅堂丛书》《琳琅祕室丛书》《古逸丛书》。民国有《四部丛刊》《四部备要》《丛书集成》《万有文库》等。若要查看每种丛书的子目，可以使用《中国丛书综录》，上海图书馆编，1959 年中华书局上海编辑所出版；2007 年上海古籍出版社出版《中国丛书综录》，分总目、子目、索引，精装 3 册。

《艺文类聚》
——唐开国之初官修的一部类书

《艺文类聚》是唐代开国初年高祖李渊下诏编修的一部类书。参与修撰的有欧阳询、令狐德棻、陈叔达、裴矩等十余人，都是当时文坛的“一时之选”，主持其事并完成奏上的是欧阳询；编撰时间从武德三年（625）至七年，大致历时三年。编撰时引用的古籍达1431种，也利用过前此的类书辑录资料，征引唐以前的古本约占十分之一，所用古籍现存者不足十分之一，因此校勘、辑佚价值较高。宋人就已使用该书进行校勘；清人研究隋以前古籍，就曾广泛使用该书进行校勘、辑佚。

《艺文类聚》全书100卷，约100万字。共分46部，部下列子目727，每个子目之下，故事在前，诗文在后，“事居于前，文列于后”，即先引若干古书作为事，然后标出“诗”“歌”“赋”“赞”“书”“表”“疏”等各种体制的诗文，大致按作品时代的先后顺序排列；所引故事，都注出书名，所引诗文，都注出时代、作者和题目；所引故事、诗文，多整段整篇而非零星词句。

常见版本有：1965 年中华书局上海编辑所出版王绍楹点校本；1982 年上海古籍出版社出版新 1 版，并附录人名和书名篇名索引；1999 年上海古籍出版社出版新 2 版，新版最便于使用。

《初学记》——唐玄宗时官修的一部类书

《初学记》是唐玄宗时官修的一部类书。唐初承继六朝余续，仍盛行骈体文，文章讲究词藻典故，唐玄宗委托张说与诸学士编撰此书，以便于诸皇子作文时检查事类。据《大唐新语》记载，“玄宗对张说曰‘儿子等欲学缀文，须检事及看文体。《御览》之辈，部帙既大，寻讨稍难。卿与诸学士撰集要事并要文，以类相从。务取省便，令儿子等易见成就也’。说与徐坚、韦述等编此进上，以《初学记》为名”。张说虽然总其事，但书则是成于徐坚等诸人之手，所以该书多署为“徐坚等撰”。

全书 30 卷，共分为 23 部，部下分子目，共计 313 个子目；每个子目先“叙事”，再“事对”（即可以成对的词及其原文），再是“赋”“诗”“颂”“赞”“箴”“铭”“论”“书”“祭文”等各体诗文，大致同于其时盛行的《昭明文选》分类。“事对”属于该书独创，以便于撰写诗文凑对偶之用。该书引用的文字也多是整篇整段，加之引用的书较早，保存了一些失传的古书片段，有保存资料之功；同时可以用来校正今本古书的一些错误。作为早期类书，该书同样具有重要的校勘和辑佚价值。《四库总目提要》评价其“在唐人类书中，博不及《艺文类聚》，而精则胜之，若《北堂书钞》及《六帖》，则出此书之下远矣”。

常见版本是中华书局 1962 年点校本，2004 年出版第 2 版；1980 年重印时又出了一册包括事对索引和引书索引的《初学记索引》。

《太平御览》——宋初官修的一部类书

《太平御览》是宋初官修的一部类书。太平兴国二年(977)，宋太宗诏令翰林学士李昉、扈蒙等 14 人共同编撰，“同以群书类聚之，分定门目”，八年十二月书成，初名《太平总类》，后太宗改名《太平御览》。太宗下诏曰“史馆新纂《太平总类》，包罗万象，总括群书，纪历代之兴亡，自我朝之编纂，用垂永世，可改名为《太平御览》。朕每听政之暇，日读《御览》三卷”。

《太平御览》全书 1000 卷，先分部，依据《周易·系辞》“凡天地之数五十有五”，共分为 55 部，部下再分子目 4558 个；每个子目多采经史百家之言，少引小说和杂书，依照时代先后顺序排列，先列书名，再录原文，不再细分“叙事”“赋”“诗”之类；凡一条中引同一书的，全排在一起，于最前列书名，后面只标“又曰”。书首有《太平御览经史图书纲目》，载征引书目1690余种，古律诗、古赋、铭、箴、杂书等尚不包括在内。所引之书，既有转抄自北齐的《修文殿御览》、唐代之《艺文类聚》和《文思博要》等类书，也有直接辑录原书，大致转抄自前代类书者为多；引书多整篇整段文字，比较完整，并且注明出处。《太平御览》所引之书，十之七八今已亡佚，因而保存了大量的古代佚书遗文，如汉人传记百种、古方志二百种，因而辑佚价值最高。由于《太平御览》辑录内容多有转抄自前代类书的，未能核对原书，因此也存在不少错误，加上编排也存在不足，这大致是类书的通病，使用时应引起注意。但该书部头大、取材广，所引多失传古书或今本所无文字，以及宋代之前类书的内容，因此辑佚、校勘价值较高，很有研究利用价值，成为宋代一部著名的官修类书。

通行本有《四部丛刊三编》影印南宋刻本，所缺部分用宋建本和日本活字本补足；1960年中华书局影印此本，分装4大册，并编了“总类”和每册的细目，最便于使用。2008年上海古籍出版社影印文渊阁四库全书本，精装9册。1935年，和佛燕京学社出版聂崇岐主编的《太平御览引得》，有“篇目引得”和“引书引得”，为检索使用提供了方便。

《永乐大典》——我国古代最大的一部类书

《永乐大典》是我国古代最大的一部类书。明成祖永乐元年（1403）七月，翰林院学士兼右春坊大学士解缙奉敕主持编撰，参与者147人，次年十一月书成奏进，永乐帝赐名《文献大成》；而朱棣认为尚多未备，又命太子少保姚广孝与解缙等监修，重新修撰，参与者2169人，至永乐五年奏进，改赐名《永乐大典》。《永乐大典》完成时，大概由于部头浩大，只缮写了一部正本（也称永乐正本），藏于南京文渊阁，定都北京后将该本移贮文楼（今宏义阁）。嘉靖三十六年（1557），宫中失火，之后嘉靖末至隆庆初近五年间，朝廷派人照正本重录成副本一套，藏于皇史宬。大致明亡时，文渊阁起火，藏于此的正本被焚（近年有学者提出正本可能藏于嘉靖帝皇陵地下，似乎不合常理）。清雍正间，副本移藏翰林院。乾隆年间编修《四库全书》时，曾利用《永乐大典》辑佚，其时副本已经散亡2400余册；之后，《永乐大典》保管不善，不断被人偷盗。1900年，八国联军进占北京，《永乐大典》更被焚毁抢掠，以致至今海内外尚存的《永乐大典》只有800多卷。

《永乐大典》全书正文22877卷，目录60卷，装订成11095册，总字数达3.7亿。收入书中的典籍多达七、八千种，包括经、史、子、集、释藏、道经、北剧、南戏、平话及医学、工技、农艺等，内容极为丰富。《永乐大典》的编撰模仿宋人阴幼遇《韵府群玉》、钱讽《回溪史韵》两书（为作诗者编撰的韵书，每韵的每个字注出前此的史实故事和诗文辞语，以供作诗时参考援用。因此有学者认为《永乐大典》应归入韵书而非类书）的体例，依照明《洪武正韵》的韵目，按韵分别单字。在每一单字之下，先注《洪武正韵》的音义，次录各韵书、字书的反切与解说，又用唐颜真卿《韵海镜源》的方式，并列该字的楷、篆、隶各体，然后分类汇辑和这一单字有关的天文、地理、人事、名物以及诗文词曲等记载。单字注释中的书名和作者名，全用红字写出，极为醒目。字下所引材料，完全据原书整部、整篇、整段抄入，一字不改。许多古籍因为该书辑录而得以保存，再无其它传本，因而《永乐大典》的辑佚价值最高。清朝编修《四库全书》时曾从《永乐大典》辑佚出旧籍五、六百部，仅是收入《四库全书》的就达 380 余部；《永乐大典》辑录宋元资料最多，对宋元历史文化研究价值尤大，《四库全书》收入辑自《永乐大典》的宋元人诗文集就有 165 部，馆臣漏辑尚多。对于《永乐大典》所录尚有它本的资料，由于编撰《永乐大典》时利用的书籍资料相对更早，同样具有较高的校勘价值，如整部《水经注》就比明人刻本好。

1986 年中华书局将征集到的 797 卷《永乐大典》影印出版，16 开，精装 10 册；2003 年上海辞书出版社影印出版《海外新发现永乐大典十七卷》，16 开，精装 1 册。

《古今图书集成》

——我国古代现存最大的一部类书

《古今图书集成》是我国古代现存最大的一部类书。清朝康熙年间，福建人、进士出身的陈梦雷因三藩之乱耿精忠事获罪，后被召回北京，在康熙三子诚亲王胤祉处任侍读，于康熙四十年（1701）至四十五年编撰成《古今图书汇编》；雍正即位后，陈梦雷因胤祉事牵连被外放黑龙江戍边而死，雍正命蒋廷锡等重为编校，雍正作序曰“厘定三千余卷，增删数十万言”，另行命名为《古今图书集成》，雍正四年（1726）用铜活字印了64部。

《古今图书集成》1万卷，外加目录40卷。首列凡例47条，说明编撰原则和方法。内容先分汇编再分典，典下再分部；共计包括历象、方舆、明伦、博物、理学、经济六大汇编，乾象、岁功至祥刑、考工等32典，6109部。每部都先列汇考，次列总论，有图表、列传、艺文、杂录、选句、纪事、杂录、外编等项目。大致说来，《汇考》记大事，《总论》录经史子集的议论，《图表》插图列表，《列传》叙人物生平，《艺文》采摘诗文，《选句》多摘俪句、对偶，《纪事》录不见于“汇考”的琐细事迹，《杂录》收不宜入“汇考”“总论”“艺文”三项的材料，《外编》记无稽之言。各项均选和本部有关的内容编次，而并非每部全有上述项目。

《古今图书集成》分类详细，体例较完善，便于检索查找利用；部头大，汇集材料甚多，如《职方典》1544 卷、《艺术典》824 卷、《氏族典》640 卷、《经籍典》500 卷；多设人物列传和杂传，如大小《名臣列传》450 卷、《名儒名贤列传》142 卷、《名流名家列传》191 卷、《著名妇女列传》313 卷。辑录的各种资料，往往将原书整部、整篇、整段抄入，未加改动，完整地保存了一些古籍；书中引用多种地方志资料，现今不易找见，有的已经失传，保存资料之功尤大。书中内容的引证，一一详注出处，标明书名、篇目和作者，便于查对原书。

《古今图书集成》有 1934 年上海中华书局影印清光绪间图书集成局铜活字本，线装；1986 年中华书局和巴蜀书社用中华书局本再影印出版，精装。

《四库全书》——我国古代最大的一部丛书

《四库全书》是我国古代最大的一部丛书。清朝乾隆年间，政府设立四库全书馆，编纂《四库全书》，整个编纂工作署名是皇子永瑢领衔，实际负总责的是总纂官孙士毅、陆锡熊和纪昀，三人以纪昀贡献最大；前后参加的纂修官达 360 人，其中多当时饱学之士，知名者如邵晋涵、戴震、周永年、姚鼐、朱筠、王念孙；所采之书主要有三种途径：清廷固有藏书，公私进呈，《永乐大典》辑出佚书。编纂过程从乾隆三十七年（1772）开始辑佚《永乐大典》，到五十八年（1793）《四库全书总目》由武英殿抄成，历时二十余年。在编纂过程中，由四库馆臣将征集到的图书经过严格的鉴别、挑选、处理，最后入选书籍10000余部，而将他们认为其中有益于世道人心、抄入《四库全书》的3462部称为“著录”，所谓“应刻之书”，计划同时付梓实际最后未成；将其余有补于实用的6793部，计划抄入《四库全书》并不付印，所谓“应抄之书”。因此，最后形成的《四库全书》只抄了应刻之书，未收应抄之书，大概是乾隆年事已高，急于完成《四库全书》编纂工作所致。

《四库全书》工程浩大，未能付梓印行，当时共人工抄写了七部，分贮南北方，北方四部：北京紫禁城的文渊阁、北京圆明园的文源阁、热河避暑山庄的文津阁、沈阳文溯阁，称为北四阁；南方三部：江苏镇江文宗阁、浙江杭州文澜阁、江苏扬州文汇阁，称为南三阁。后来，北方的文源阁本毁于英法联军焚掠圆明园；南方的文汇阁本、文宗阁本和文澜阁本之半毁于太平天国农民战争；文渊阁本现藏台湾故宫博物院，文津阁本现藏北京国家图书馆，文溯阁本现藏兰州甘肃省图书馆，文澜阁本后来经过配补仍藏杭州浙江省图书馆。

清廷集中一大批学士文人集体编修《四库全书》，为此花费了巨大的人力、物力、财力，成书不易，对整理和保护我国古代文献典籍、传承文化起到了巨大的作用，其时《永乐大典》九成尚存，光从其中辑佚出收入《四库全书》的书籍就有 385 部。但在编修的过程中，对图书的禁毁、删改也数量惊人，据统计，完全销毁的书籍 2453 部、抽毁书 402 部、剜改书 1918 部、销毁书版和石刻七八十种，这些书多是与清廷的政治统治相左的，可谓“寓禁于征”。尽管编修《四库全书》是重视文化的表现，标榜右文，但在实施过程中对古代的图书典籍也是一场巨大的劫难，蒙受了重大损失，可见出于政治统治的考量仍是其最主要的出发点。编修《四库全书》功中有过、过中有功。

编修《四库全书》的过程中，乾隆三十八年（1773），馆臣奉敕编成《四库全书荟要》（因原藏于御花园摛藻堂，又称《摛藻堂四库全书荟要》），以供乾隆帝先睹为快，收书 463 种。同时，纪昀主持编成《四库全书总目》200 卷，对著录和存目的万余种书均写了提要；为简化《四库全书总目》，纪昀等人又编撰成《四库全书简明目录》20 卷，后来流行的《增订四库简明目录标注》是在此书基础上，邵懿辰撰、邵章续录而成，标注了所收书籍的主要版本。1935 年，商务印书馆出版《四库全书珍本初集》，选印 232 部书籍，近年来沈阳出版社翻印出版。

1986 年，台湾商务印书馆影印文渊阁《四库全书》，16 开精装，1500 册；1987 年，上海古籍出版社据此影印本缩印，32 开，精装 1500 册。1997 年，齐鲁书社影印出版《四库全书存目丛书》，参照四库“存目”，广为征集，收录经部734种、史部1086种、子部1253种、集部1435种，共计4508部，16开，精装1200册。2002年，上海古籍出版社影印出版《续修四库全书》，收书5213部，16开，精装1800册。此外，2000年，北京出版社影印出版《四库禁毁书丛刊》，16开，精装311册。形成今天能够见到的四库全书系列丛书，集中囊括了大批传统文化典籍精华。这些大部头丛书较大型图书馆均有藏，容易查看利用；为此，上海古籍出版社2007年出版《四库系列丛书目录·索引》，这是一部利用四库系列丛书有用的检索工具书。此外，文津阁和文澜阁《四库全书》也已影印出版；2000年，北京出版社影印出版《四库未收书辑刊》，16开，精装301册。

延伸阅读

1. 胡道静著：《中国古代的类书》，中华书局，2005年。

2. 刘叶秋著：《类书简说》，上海古籍出版社，1980年。

3. 黄永年著：《子部要籍概述》，江苏教育出版社，2008年。

4. 戚志芬著：《中国的类书、政书和丛书》，商务印书馆，1996年。

后记

HOU JI

改革开放以来的30年间，伴随着中国经济发展和社会事业的进步，国人对传统文化的认识尽管见仁见智，但终究进入了理性认识阶段。在新的时代，要着力建设代表时代发展和前进方向的新型文化。对传统文化要取其精华、弃其糟粕；过高估价或过低贬斥中国传统文化既不合时宜，也不切实际。

五千年文明史，支撑、提炼和构建了内容丰富、绚丽多彩的中国传统文化。中国传统文化的传承，途径多样，既有文化典籍承载，也有口耳相传。而历代编撰的典籍中，经过时代和大众选择出的优秀文化典籍是其中的精华之作，它们所承载的传统文化属于正宗的中国传统文化精华，是“阳春白雪”、浓缩的精品，经久不衰，读者可以由此概览中国传统文化的精华所在。

《经史子集——中国古代文化典籍话本》一书旨在于向未成年人择要介绍较能代表中国传统文化的典籍，在传统的经、史、子、集四部分类法基础上分作儒学典籍、史学典籍、诸子百家典籍、佛道典籍、科技典籍、文学典籍、蒙学典籍、类书与丛书八类，选取120余种优秀文化典籍，这些典籍既是中国传统文化的结晶，同时也是传承中国传统文化知识的重要载体。从典籍的分类举要及内容的编排可以看出，本书属于书目提要性质，对于未成年人以及具有中等文化程度的人士阅读、利用中国古代文化典籍具有一定的参考价值。诚然，典籍的编撰与作者、时代、同类书籍的内容体例息息相关，希望读者不要孤立地看待文化典籍所反应的文化现象。文化典籍只是从一定层面上或曰从一定视角反映中国传统文化。

本书之史学典籍、科技典籍、文学典籍、蒙学典籍、类书与丛书五部分内容由仝建平编写，儒学典籍、诸子百家典籍、佛道典籍三部分内容由谢耀亭编写，由仝建平最后对全书进行统稿、改定。编撰这种书目提要性质的书需要广博精深的专业知识，我们两人的知识水平又极为有限，因此在写作中曾参考过诸多相关书籍，尤其是每部分之末的延伸阅读书目，限于编写体例，内容之中不再一一标注列出。限于篇幅要求，本书没有收录少数民族文化典籍。书中存在的问题和不足，希望读者批评指正。

仝建平 谢耀亭

2011. 12

图书在版编目（CIP）数据

经史子集：中国古代的文化典籍 / 仝建平、谢耀亭编著. --
太原：希望出版社, 2012.3
（中国传统文化与未成年人精神成长丛书）
ISBN 978-7-5379-5465-5

Ⅰ. ①经… Ⅱ. ①仝… ②谢… Ⅲ. ①经籍 - 中国 - 古代 - 青年读物
②经籍 - 中国 - 古代 - 少年读物 Ⅳ. ①Z126-49

中国版本图书馆CIP数据核字(2011)第197021号

中国传统文化与未成年人精神成长丛书

经史子集

——中国古代的文化典籍

傅书华◎主编　仝建平、谢耀亭◎编著

出版人 / 梁萍
出版发行 / 希望出版社
地址 / 山西省太原市建设南路21号
邮政编码 / 030012
责任编辑 / 温学军
复审 / 陈炜
终审 / 孟绍勇
美术编辑 / 王蕾
装帧设计 / 韩石　汝俊杰
责任印制 / 刘一新

总经销 / 希望出版社发行部
0351- 4123120
经销 / 各地书店
制作 / 北京鑫联必升文化发展有限公司
印刷 / 山西嘉祥印刷包装有限公司

开本 / 890mm × 1240mm　1/32
印张 / 9.75
版次 / 2012年6月第1版
印次 / 2012年6月第1次印刷
书号 / ISBN 978-7-5379-5465-5
定价 / 18.50元